1 **Allgemeine Physiologie**

2 **Wasserhaushalt**

3 **Niere**

Index

Dr. Claas Wesseler
Physiologie Band 1
MEDI-LEARN Skriptenreihe

6., komplett überarbeitete Auflage

MEDI-LEARN Verlag GbR

Autor: Dr. med. Claas Wesseler
Fachlicher Beirat: PD Dr. Andreas Scholz

Teil 1 des Physiologiepaketes, nur im Paket erhältlich
ISBN-13: 978-3-95658-006-2

Herausgeber:
MEDI-LEARN Verlag GbR
Dorfstraße 57, 24107 Ottendorf
Tel. 0431 78025-0, Fax 0431 78025-262
E-Mail redaktion@medi-learn.de
www.medi-learn.de

Verlagsredaktion:
Dr. Marlies Weier, Dipl.-Oek./Medizin (FH) Désirée Weber, Denise Drdacky, Jens Plasger, Sabine Behnsch, Philipp Dahm, Christine Marx, Florian Pyschny, Christian Weier

Layout und Satz:
Fritz Ramcke, Kristina Junghans, Christian Gottschalk

Grafiken:
Dr. Günter Körtner, Irina Kart, Alexander Dospil, Christine Marx

Illustration:
Daniel Lüdeling

Druck:
A.C. Ehlers Medienproduktion GmbH

6. Auflage 2014
© 2014 MEDI-LEARN Verlag GbR, Marburg

Das vorliegende Werk ist in all seinen Teilen urheberrechtlich geschützt. Alle Rechte sind vorbehalten, insbesondere das Recht der Übersetzung, des Vortrags, der Reproduktion, der Vervielfältigung auf fotomechanischen oder anderen Wegen und Speicherung in elektronischen Medien.
Ungeachtet der Sorgfalt, die auf die Erstellung von Texten und Abbildungen verwendet wurde, können weder Verlag noch Autor oder Herausgeber für mögliche Fehler und deren Folgen eine juristische Verantwortung oder irgendeine Haftung übernehmen.

Wichtiger Hinweis für alle Leser
Die Medizin ist als Naturwissenschaft ständigen Veränderungen und Neuerungen unterworfen. Sowohl die Forschung als auch klinische Erfahrungen führen dazu, dass der Wissensstand ständig erweitert wird. Dies gilt insbesondere für medikamentöse Therapie und andere Behandlungen. Alle Dosierungen oder Applikationen in diesem Buch unterliegen diesen Veränderungen.
Obwohl das MEDI-LEARN Team größte Sorgfalt in Bezug auf die Angabe von Dosierungen oder Applikationen hat walten lassen, kann es hierfür keine Gewähr übernehmen. Jeder Leser ist angehalten, durch genaue Lektüre der Beipackzettel oder Rücksprache mit einem Spezialisten zu überprüfen, ob die Dosierung oder die Applikationsdauer oder -menge zutrifft. Jede Dosierung oder Applikation erfolgt auf eigene Gefahr des Benutzers. Sollten Fehler auffallen, bitten wir dringend darum, uns darüber in Kenntnis zu setzen.

Vorwort

Liebe Leserin, lieber Leser,

zu viel Stoff und zu wenig Zeit – diese zwei Faktoren führen stets zu demselben unschönen Ergebnis: Prüfungsstress!

Was soll ich lernen? Wie soll ich lernen? Wie kann ich bis zur Prüfung noch all das verstehen, was ich bisher nicht verstanden habe? Die Antworten auf diese Fragen liegen meist im Dunkeln, die Mission Prüfungsvorbereitung erscheint vielen von vornherein unmöglich. Mit der MEDI-LEARN Skriptenreihe greifen wir dir genau bei diesen Problemen fachlich und lernstrategisch unter die Arme.

Wir helfen dir, die enorme Faktenflut des Prüfungsstoffes zu minimieren und gleichzeitig deine Bestehenschancen zu maximieren. Dazu haben unsere Autoren die bisherigen Examina (vor allem die aktuelleren) sowie mehr als 5000 Prüfungsprotokolle analysiert. Durch den Ausschluss von „exotischen", d. h. nur sehr selten gefragten Themen, und die Identifizierung immer wiederkehrender Inhalte konnte das bestehensrelevante Wissen isoliert werden. Eine didaktisch sinnvolle und nachvollziehbare Präsentation der Prüfungsinhalte sorgt für das notwendige Verständnis.

Grundsätzlich sollte deine Examensvorbereitung systematisch angegangen werden. Hier unsere Empfehlungen für die einzelnen Phasen deines Prüfungscountdowns:

Phase 1: Das Semester vor dem Physikum
Idealerweise solltest du schon jetzt mit der Erarbeitung des Lernstoffs beginnen. So stehen dir für jedes Skript im Durchschnitt drei Tage zur Verfügung. Durch themenweises Kreuzen kannst du das Gelernte fest im Gedächtnis verankern.

Phase 2: Die Zeit zwischen Vorlesungsende und Physikum
Jetzt solltest du täglich ein Skript wiederholen und parallel dazu das entsprechende Fach kreuzen. Unser „30-Tage-Lernplan" hilft dir bei der optimalen Verteilung des Lernpensums auf machbare Portionen. Den Lernplan findest du in Kurzform auf dem Lesezeichen in diesem Skript bzw. du bekommst ihn kostenlos auf unseren Internetseiten oder im Fachbuchhandel.

Phase 3: Die letzten Tage vor der Prüfung
In der heißen Phase der Vorbereitung steht das Kreuzen im Mittelpunkt (jeweils abwechselnd Tag 1 und 2 der aktuellsten Examina). Die Skripte dienen dir jetzt als Nachschlagewerke und – nach dem schriftlichen Prüfungsteil – zur Vorbereitung auf die mündliche Prüfung (siehe „Fürs Mündliche").

Weitere Tipps zur Optimierung deiner persönlichen Prüfungsvorbereitung findest du in dem Band „Lernstrategien, MC-Techniken und Prüfungsrhetorik".

Eine erfolgreiche Prüfungsvorbereitung und viel Glück für das bevorstehende Examen wünscht dir

Dein MEDI-LEARN Team

PHYSIKUMSERGEBNISSE SCHON AM PRÜFUNGSTAG

EXAMENS-
ERGEBNISSE

Inhalt

1	**Allgemeine Physiologie**	**1**	**3**	**Niere**	**28**

- 1.1 Stoffmenge 1
- 1.2 Stoffmasse 1
- 1.3 Konzentration 1
- 1.3.1 Stoffmenge versus Konzentration 2
- 1.4 Osmolarität 2
- 1.4.1 Isoton 3
- 1.4.2 Hypoton 3
- 1.4.3 Hyperton 3
- 1.5 Osmolalität 3
- 1.6 Elektrochemischer Konzentrationsgradient 3
- 1.7 Transportprozesse 4
- 1.7.1 Passive Transporte 4
- 1.7.2 Aktive Transporte 6
- 1.7.3 Elektrogener und elektroneutraler Transport 8
- 1.8 Ionen und ihre Konzentrationen 9
- 1.8.1 Natrium 9
- 1.8.2 Kalium 10
- 1.8.3 Calcium 11
- 1.9 Gleichgewichtspotenzial und Nernstgleichung 12
- 1.9.1 Nernstgleichung 13
- 1.10 Ruhemembranpotenzial 15

2 Wasserhaushalt — 21

- 2.1 Störungen des Wasserhaushalts – Dehydratationen/Hyperhydratationen .. 22
- 2.1.1 Hypotone Dehydratation 22
- 2.1.2 Hypotone Hyperhydratation 23
- 2.1.3 Hypertone Hyperhydratation 23
- 2.1.4 Isotone Dehydratation 23
- 2.1.5 Infusionen von Glucose 24
- 2.2 Filtrationsdruck 24
- 2.3 Ödeme – Störungen des Filtrationsdrucks 24

- 3.1 Funktionen der Niere 28
- 3.2 Autoregulation der Durchblutung 28
- 3.3 Clearance 29
- 3.3.1 Kreatininclearance 31
- 3.3.2 Freiwasserclearance 32
- 3.3.3 Clearancequotient 32
- 3.4 Glomeruläre Filtrationsrate – GFR 33
- 3.5 Renaler Plasmafluss – RPF 34
- 3.6 Renaler Blutfluss – RBF 35
- 3.7 Filtrationsfraktion – FF 35
- 3.7.1 Fraktionelle Ausscheidung ... 36
- 3.8 Verschiedene Stoffe und ihr Verhalten in der Niere 39
- 3.8.1 Prinzipien der Rückresorption 39
- 3.8.2 Rückresorption von Natrium, Kalium, Calcium und anderer Elektrolyte 39
- 3.8.3 Rolle der Niere im Säure-Basen-Haushalt 43
- 3.8.4 Rückresorption weiterer wichtiger Substanzen 46
- 3.9 Harnkonzentrierung – Diurese/Antidiurese 49
- 3.10 Die Niere als Wirkungs- und Produktionsort von Hormonen 50
- 3.10.1 Aldosteron 50
- 3.10.2 Renin-Angiotensin-Aldosteron-System 50
- 3.10.3 Antidiuretisches Hormon (ADH)/Adiuretin/Vasopressin – drei Namen, ein Hormon 52
- 3.10.4 Atriopeptin/atrialer natriuretischer Faktor (ANF) – das Hormon, das von Herzen kommt 54
- 3.10.5 Calcitonin und Parathormon 54
- 3.10.6 Erythropoetin 55
- 3.10.7 Calcitriol (1,25-Dihydroxycholecalciferol) 56

Wissen, das in keinem Lehrplan steht:

- Wo beantrage ich eine **Gratis-Mitgliedschaft** für den **MEDI-LEARN Club** – inkl. Lernhilfen und Examensservice?

- Wo bestelle ich kostenlos **Famulatur-Länderinfos** und das **MEDI-LEARN Biochemie-Poster**?

- Wann macht eine **Studienfinanzierung** Sinn? Wo gibt es ein **gebührenfreies Girokonto**?

- Warum brauche ich schon während des Studiums eine **Arzt-Haftpflichtversicherung**?

Lassen Sie sich beraten!

Nähere Informationen und unseren Repräsentanten vor Ort finden Sie im Internet unter www.aerzte-finanz.de

Standesgemäße Finanz- und Wirtschaftsberatung

1 Allgemeine Physiologie

Fragen in den letzten 10 Examen: 18

Um eine Sprache fließend zu beherrschen, muss man ihre Worte verstehen und korrekt benutzen können. Da in der Medizin – und damit auch in der Physiologie – eine eigene (Geheim-) Sprache benutzt wird, beginnt dieses Kapitel mit einer kurzen Zusammenfassung der physiologischen Begriffe, die du kennen solltest, um in der mündlichen Prüfung locker mitreden zu können und auch den schriftlichen Teil des Examens gut zu bestehen. Zusätzlich kannst du damit vielleicht auch noch den einen oder anderen Punkt in Physik oder Chemie einstreichen.

1.1 Stoffmenge

Ein Mol ist die Bezeichnung für eine bestimmte Zahl (Menge) an Teilchen, von der du mindestens die Dimension (= 10^{23}, eine Zahl mit 23 Nullen!) kennen solltest. Als **Mengenangabe** ist das Mol mit dem Dutzend vergleichbar – nur ist man beim Dutzend schneller mit dem Zählen fertig als bei 602,2 Trilliarden Teilchen.

> **Merke!**
> Die Einheit der Stoffmenge ist das Mol.
> Ein Mol sind $6,022 \cdot 10^{23}$ Teilchen.

1.2 Stoffmasse

Die Stoffmasse ist das Gewicht eines Stoffes mit der Grundeinheit Gramm. Das – mit 1 000 multipliziert – ist die Einheit, die dich morgens als Kilogramm auf der Waage „erschreckt" (oder erfreut).

1.3 Konzentration

Die Einheit Konzentration besteht aus zwei Teilen:
– der Stoffmenge und
– dem Volumen.
Wichtig: Der Begriff „Konzentration" bezieht sich immer auf die Stoffmenge in einem bestimmten Volumen.
Im Examen wird die Konzentration daher entweder als
– Mol pro Liter [mol/l] oder
– Gramm pro Liter [g/l] angegeben.

> **Merke!**
> Konzentration = Stoffmenge pro Volumen

Weder die Konzentration noch das Volumen oder die Stoffmenge werden im Examen immer in den Grundeinheiten angeben. Mit diesen Umrechnungsfaktoren kannst du sie aber – wenn nötig – in die Grundeinheiten zurückverwandeln.

Volumen:
– Deziliter (dl) = 10^{-1} = 0,1 Liter
– Milliliter (ml) = 10^{-3} = 0,001 Liter
– Mikroliter (µl) = 10^{-6} Liter
– Nanoliter (nl) = 10^{-9} Liter
– Pikoliter (pl) = 10^{-12} Liter
– Femtoliter (fl) = 10^{-15} Liter

Masse:
– Kilogramm (kg) = 1 000 g = 10^{3} Gramm
– Milligramm (mg) = 0,001 g = 10^{-3} Gramm
– Mikrogramm (µg) = 10^{-6} Gramm

1 Allgemeine Physiologie

Beispiel
Es herrscht eine Konzentration für Natrium von 0,00002 g/µl (entspricht = $2 \cdot 10^{-5}$ g/µl). Wie würde man dieses jetzt in der Grundeinheit g/l schreiben?
Der Hochrechnungsfaktor von Mikroliter auf Liter ist, wie oben zu sehen, 10^6. Nun musst du also die 0,00002 g/µl mit 10^6 multiplizieren und erhältst 20 g/l als Konzentration für Natrium in dieser Lösung.
$(2 \cdot 10^{-5} \text{ g/µl}) \cdot 10^6 = 2 \cdot 10^1 \text{ g/l} = 20 \text{ g/l}$

1.3.1 Stoffmenge versus Konzentration

Zwischen diesen beiden Begriffen besteht ein kleiner, aber wichtiger Unterschied, auf den viele Fragen im schriftlichen Examen abzielen:
– Die Stoffmenge ist eine bestimmte Anzahl von Teilchen mit der Einheit Mol.
– Die Konzentration ist eine bestimmte Stoffmenge pro Volumen. Mögliche Einheiten sind: Mol/ml, g/l, mmol/l, g/ml etc.

Konzentration und Stoffmenge können sich unabhängig voneinander ändern. Daher solltest du immer genau darauf achten, wonach gefragt wird.

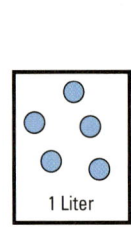
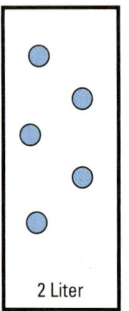

1 Liter   2 Liter

Die Stoffmenge bleibt gleich,
die Konzentration halbiert sich.

Abb. 1: Gleiche Stoffmenge in unterschiedlichen Volumina → unterschiedliche Konzentrationen

medi-learn.de/6-physio1-1

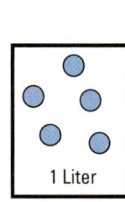
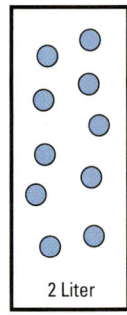

1 Liter   2 Liter

Die Konzentration bleibt gleich,
die Stoffmenge verdoppelt sich.

Abb. 2: Gleiche Konzentration heißt NICHT immer auch gleiche Stoffmenge

medi-learn.de/6-physio1-2

Beispiel
– Verringert sich das Volumen bei gleichbleibender Stoffmenge, ist das eine Konzentrierung.
– Vergrößert sich das Volumen, in dem die Teilchen (Stoffmenge) gelöst sind, spricht man von Verdünnung (s. Abb. 1, S. 2).

Die Konzentration bleibt in Abb. 2, S. 2 gleich, die Stoffmenge aber verdoppelt sich. Wenn du dir die beiden Konzentrationen anschaust, kommst du links auf 5 g/l, rechts auf 10 g/2l. Letzteres entspricht (durch zwei geteilt) genau 5 g/l. Die Konzentration bleibt dadurch gleich, dass sich die Stoffmenge UND das Volumen verdoppelt haben: Das Verhältnis der beiden ist unverändert.

1.4 Osmolarität

Die Osmolarität beschreibt die Konzentration der osmotisch wirksamen Teilchen in Mol pro Liter Lösung. Die Einheit ist **[osmol/l]**.
Im Blutplasma tummeln sich unter normalen Bedingungen circa 300 mosmol osmotisch wirksame Teilchen pro Liter (= 0,3 osmol/l). 0,3 osmol/l oder 300 mosmol/l entsprechen genau der Osmolarität einer 0,9 %igen NaCl-Lösung (Kochsalzlösung).

1.4.1 Isoton

> **Übrigens ...**
> Das ist auch der Grund dafür, warum diese Kochsalzlösung im Krankenhaus für viele Dinge benutzt wird – sei es zum Auflösen von Medikamenten oder um einen Venenkatheter durchzuspülen.

Die 0,9 %ige Kochsalzlösung hat die gleiche Osmolarität wie das normale Blutplasma und führt deshalb zu keiner Flüssigkeitsverschiebung zwischen Extra- und Intrazellulärraum. Solche Lösungen bezeichnet man als isoton.

Die nun folgenden Begriffe beziehen sich IMMER auf den Extrazellulärraum!

1.4.1 Isoton

In einer isotonen Flüssigkeit schwimmen genauso viele osmotisch wirksame Teilchen herum, wie im normalen Blutplasma, also ziemlich genau 300 mosmol/l. Dieser Wert sollte immer konstant gehalten werden, weil es sonst zu Flüssigkeitsverschiebungen zwischen den einzelnen Körperkompartimenten kommen würde.

1.4.2 Hypoton

Hypoton bedeutet, dass eine **niedrigere Osmolarität als im normalen Blutplasma herrscht (< 300 mosmol/l)**. Da Wasser zum Ort der höheren Konzentration strömt und in den Zellen noch die normale und damit höhere Konzentration herrscht, **führt hypotones Blutplasma zur Zellschwellung**: Das Wasser strömt in die Zellen ein und kann sie dadurch sogar zum Platzen bringen. So etwas könnte z. B. durch zu viele hypotone Infusionen passieren.

1.4.3 Hyperton

Hyperton bedeutet, dass eine **höhere Osmolarität als im normalen Blutplasma herrscht (> 300 mosmol/l)**. Dies führt zur Zellschrumpfung, da in diesem Fall Zellwasser ausströmt, um die Konzentration an osmotisch wirksamen Teilchen im Extrazellulärraum zu verdünnen (z. B. beim Trinken von Meerwasser oder im Rahmen einer Exsikkose).

Wieso bewegen sich beim Konzentrationsausgleich eigentlich nur das Wasser und nicht auch die Elektrolyte (gelöste Teilchen) über die Zellmembran? Das liegt daran, dass die **Zellmembran semipermeabel** (halbdurchlässig) ist und diese Teilchen nicht durchlässt, sondern eben nur das Wasser.

> **Merke!**
> Ein hypertoner Blutdruck ist ein zu hoher Blutdruck. In einem hypertonen Plasma herrscht auch ein zu hoher Druck, aber eben ein zu hoher osmotischer Druck = zu viele Teilchen im Plasma.

1.5 Osmolalität

Die Osmolalität beschreibt die Konzentration osmotisch wirksamer Teilchen **pro Kilogramm** Lösungsmittel. Ihre Einheit ist daher **[osmol/kg H_2O]**. Der Unterschied zwischen Osmolarität und Osmolalität im Körper ist sehr gering, da bei uns Wasser das Lösungsmittel ist und 1 Liter Wasser ziemlich genau 1 Kilogramm wiegt.

1.6 Elektrochemischer Konzentrationsgradient

Die Verteilung geladener Teilchen (Ionen) wird nicht nur durch Konzentrationsunterschiede beeinflusst, sondern auch durch die Ladungen: Entgegengesetzt geladene Ionen ziehen sich an, gleich geladene stoßen sich ab. Dieses Phänomen beschreibt der elektrochemische Konzentrationsgradient. Er ist die resultierende Kraft, die entsteht, wenn elektrische und chemische Kräfte an einem Ion zerren. Dabei können die elektrischen und chemischen Kräfte ein Ion in dieselbe Richtung ziehen (z. B. in die Zelle hinein oder aus der Zelle hinaus)

1 Allgemeine Physiologie

oder in unterschiedliche Richtungen. Sollten die Kräfte einander entgegengerichtet sein, ist die resultierende Richtung der Kraft (elektrochemischer Konzentrationsgradient) die der stärkeren Kraft. Beispiel: Ein negativ geladenes Ion wird vom negativ geladenen Zellinneren abgestoßen. Gleichzeitig sind aber die Ionen seiner Sorte außerhalb der Zelle höher konzentriert und drücken es in die Zelle hinein. Ist also die elektrische Kraft stärker, wandert dieses Ion aus der Zelle hinaus, bei Überwiegen der chemischen Kraft wandert es in die Zelle hinein. Die Energie und die Kraft des elektrochemischen Konzentrationsgradienten sind der Antrieb für viele Zellprozesse, z. B. für Transportprozesse und Signalübertragungen.

Ist die Kraft des elektrochemischen Konzentrationsgradienten gleich null, bedeutet dies, dass sich die elektrischen und chemischen Kräfte neutralisieren: Sie sind gleich groß und einander entgegengerichtet. In diesem Fall stellt sich ein Kräftegleichgewicht ein, das man als **Gleichgewichtspotenzial** bezeichnet und mit der Nernstgleichung berechnen kann (s. 1.9, S. 12).

1.7 Transportprozesse

Bei den Transportprozessen unterscheidet man die aktiven und die passiven Transporte. Diese Einteilung richtet sich danach, ob das transportierte Teilchen **entgegen** (aktiv) oder **entlang** (passiv) seines elektrochemischen Konzentrationsgradienten bewegt wird.
Des Weiteren unterscheidet man den elektroneutralen vom elektrogen Transport. Hier kommt es darauf an, ob eine Ladungsverzerrung stattfindet oder nicht (s. 1.7.3, S. 8).

> **Merke!**
>
> Alle Transporte sind temperaturabhängig: Am absoluten Nullpunkt bewegt sich gar nichts und je heißer es wird, desto mehr geht's ab.

1.7.1 Passive Transporte

Ein passiver Transport erfolgt immer entlang des elektrochemischen Konzentrationsgradienten (also immer entlang des Energiegefälles). Beispiele sind die Diffusion, die Osmose und der Natriumtransport durch einen Natriumkanal in die Zelle.

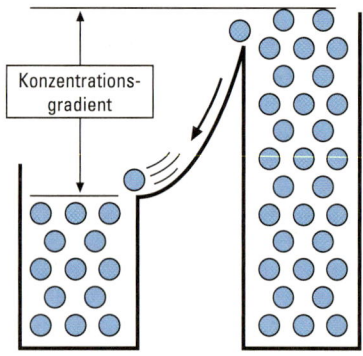

Abb. 3: Passiver Transport entlang des Konzentrationsgradienten

medi-learn.de/6-physio1-3

Diffusion

Die einfachste passive Transportform durch eine Membran ist die Diffusion. Diffusion bedeutet, dass sich frei bewegliche Stoffe aufgrund von zufälligen thermischen Bewegungen verteilen und so Konzentrationsunterschiede (Konzentrationsgradienten) ausgleichen. Die Geschwindigkeit dieser Verteilung hängt vom Konzentrationsunterschied (Δc), der Fläche (A) und der Permeabilität (P) der Membran ab, durch die der Austausch stattfindet. J entspricht der transportierten Substanzmenge pro Zeit [mol/s] und ist damit eine Geschwindigkeitsangabe:

J in [mol/s] = **P · Δc · A**

Dasselbe sagt auch das Fick-Diffusionsgesetz:

$$\frac{\Delta Q}{\Delta t} = D \cdot A \cdot \frac{c_1 - c_2}{d}$$

$\frac{\Delta Q}{\Delta t}$ = Netto-Diffusionsrate in mol/s

D = Fick-Diffusionskoeffizient

1.7.1 Passive Transporte

d = Diffusionsstrecke
A = Membranfläche
$c_1 - c_2$ = Konzentrationsunterschied Δc

Die zweite Formel sieht deshalb anders aus, da sich Herr Fick die Mühe gemacht hat, die Permeabilität P (in der oberen Formel) als D/d aufzulösen und Δc als $(c_1 - c_2)$ zu schreiben. $\Delta Q/\Delta t$ bedeutet Mengenänderung pro Zeitänderung.

> **Merke!**
> Stoffe, die frei beweglich sind, verteilen sich aufgrund zufälliger thermischer Bewegungen und gleichen damit Konzentrationsunterschiede aus.

Erleichterte Diffusion

Die normale Zellmembran ist für geladene Stoffe/Teilchen schwer durchgängig. Um diesen Teilchen trotzdem den Durchtritt durch eine Membran zu ermöglichen, gibt es Kanalproteine (Carrier). Da auch dieser Transport durch die Membran entlang des elektrochemischen Konzentrationsgradienten stattfindet, ist auch die erleichterte Diffusion ein **passiver Transport**. Im Gegensatz zur normalen Diffusion, die hauptsächlich vom Konzentrationsunterschied Δc abhängt, ist die Geschwindigkeit der erleichterten Diffusion jedoch stark abhängig von der Anzahl der Transportkanäle, der Membran (Fläche und Dicke) und dem Konzentrationsunterschied. Daher kann sie – wenn die Transporter überlastet sind – eine Sättigungscharakteristik zeigen, was bei der einfachen Diffusion nicht der Fall ist.

> **Merke!**
> Der Glucosetransport in die Hepato- und Adipozyten erfolgt durch erleichterte Diffusion.

Osmose

Bei der Osmose sind die Stoffe/Teilchen im Gegensatz zur Diffusion NICHT frei beweglich, weil eine semipermeable Membran dies verhindert. Um die Konzentrationsunterschiede trotzdem auszugleichen, muss sich hier das Lösungsmittel bewegen. Die Flüssigkeit strömt dabei zum Ort der höheren Konzentration und führt in diesem Kompartiment zur **Erhöhung des hydrostatischen Drucks** (s. Abb. 4, S. 5).

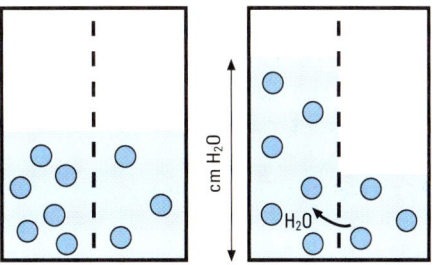

Abb. 4: Osmose – nur das Wasser kann durch die Membran fließen   *medi-learn.de/6-physio1-4*

Der hydrostatische Druck gibt die Höhe der Wassersäule an und wird deshalb in der Einheit [cm H_2O] angegeben.

> **Merke!**
> – Die einfache Diffusion zeigt KEINE Sättigungscharakteristik.
> – Die erleichterte Diffusion kann gesättigt werden (wenn alle Carrier besetzt sind).
> – Osmose und Diffusion sind temperaturabhängig und führen zu einem dynamischen Gleichgewicht.
> – Die Membran hat entscheidenden Anteil an den Transportprozessen, z. B. durch ihren Reflexionskoeffizienten, ihre Fläche und ihre Permeabilität.

Der Reflexionskoeffizient σ (Sigma) gibt an, wie stark ein bestimmtes Teilchen an der Grenzfläche/Membran abgestoßen wird. Er kann Werte zwischen 1 (Membran ist undurchlässig) und

1 Allgemeine Physiologie

0 (Membran ist völlig durchlässig) annehmen. Eine **semipermeable Membran** hat den Reflexionskoeffizienten σ = 1, da sie nur das Lösungsmittel, nicht aber die darin gelösten Teilchen passieren lässt.

Im schriftlichen Examen wurde schon nach der **realen osmotischen Druckdifferenz Δπ** gefragt und welche Größen dort mit hineinspielen: Die reale osmotische Druckdifferenz Δπ nach van't Hoff und Staverman ist definiert als

$$\Delta\pi = \sigma \cdot R \cdot T \cdot \Delta C_{osm}$$

R = allgemeine Gaskonstante
T = absolute Temperatur
ΔC_{osm} = transepithelialer/transendothelialer realer Osmolaritätsunterschied
σ = Reflexionskoeffizient an der Membran

1.7.2 Aktive Transporte

Das Wort **aktiv** deutet schon an, dass bei dieser Transportform Energie verbraucht wird. Diese Energie dient dazu, einen Konzentrationsgradienten aktiv zu überwinden und z. B. Natrium aus der Zelle zu schaffen. Man kann sich das so vorstellen: Es braucht mehr Energie, einen Stein aktiv die Treppe hochzutragen, als ihn passiv hinunterplumpsen zu lassen (s. Abb. 5, S. 6).

Primär-aktiver Transport

Um den elektrochemischen Konzentrationsgradienten zu überwinden, muss der Körper aktiv werden und Energie aufwenden. Stammt diese Energie direkt aus ATP, so nennt man den Transport primär-aktiv. Das „primär" bezieht sich auf die direkt am Transporter stattfindende ATP-Hydrolyse.
Das ultimative Beispiel für einen primär-aktiven Transport ist die Na⁺-K⁺-ATPase (s. Abb. 6, S. 7). Daneben gibt es jedoch auch Ca^{2+}- und H⁺-Pumpen, die ebenfalls direkt ATP verbrauchen, um ihre Teilchen über die Membran zu schaffen.

Prüfungsrelevante Beispiele primär-aktiver Transporter sind:
– Na⁺-K⁺-ATPase,
– H⁺-ATPasen (in Mitochondrien),
– Ca^{2+}-ATPase (im sarkoplasmatischen Retikulum) und
– H⁺/K⁺-ATPase (in den Belegzellen des Magens).

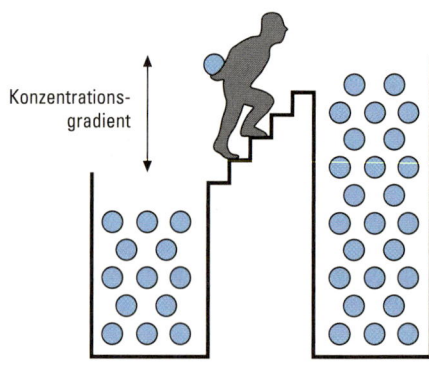

Abb. 5: Ein aktiver Transport erfordert Energie

medi-learn.de/6-physio1-5

Na⁺/K⁺-ATPase

Die Na⁺/K⁺-ATPase ist **DAS** Beispiel für einen primär-aktiven Transport und deshalb auch der Liebling im schriftlichen Examen.
In einem Pumpzyklus schafft dieser Transporter **drei Natriumionen aus der Zelle hinaus** und nimmt dafür **zwei Kaliumionen in die Zelle auf.** Damit ist die Na⁺/K⁺-ATPase ein elektrogener Transporter (s. 1.7.3, S. 8). Außerdem ist sie der größte ATP-Verbraucher im menschlichen Körper. Wird die ATP-Produktion einer Zelle gestört, kommt es aufgrund der eingeschränkten Funktion der Na⁺/K⁺-ATPase zu einem Anstieg der intrazellulären Natriumkonzentration und zur Zellschwellung. Ist genügend ATP vorhanden und die Natriumkonzentration in der Zelle erhöht sich aus einem anderen Grund, so pumpt die Na⁺/K⁺-ATPase einfach schneller und kann wieder ein Gleichgewicht herstellen.
Die intrazelluläre Natriumkonzentration ist der Regelwert für die Geschwindigkeit der Na⁺/K⁺-ATPase: Ist die Na⁺-Konzentration hoch, pumpt

1.7.2 Aktive Transporte

sie schneller, ist die Konzentration niedrig, pumpt sie langsamer.

Wie jeder andere Transporter (und jede andere Transportform) ist auch die Na$^+$/K$^+$-ATPase **temperaturabhängig**.

In der Niere ist die Na$^+$/K$^+$-ATPase basolateral gelegen und baut dort den sehr wichtigen Natriumgradienten auf, der Antrieb für den Großteil der sekundär-aktiven Transportmechanismen im Tubulussystem ist.

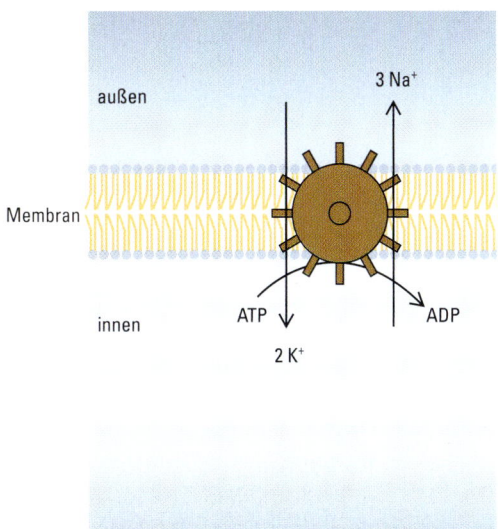

Abb. 6: Natrium-Kalium-ATPase

medi-learn.de/6-physio1-6

Übrigens ...
Die Na$^+$/K$^+$-ATPase ist durch g-Strophantin (Ouabain) spezifisch hemmbar, was die Medizin in Form der Herzglykoside nutzt.

Merke!

Die Na$^+$/K$^+$-ATPase
- ist primär aktiv,
- pumpt 2 K$^+$ in die Zelle hinein und 3 Na$^+$ aus der Zelle pro Pumpzyklus heraus (elektrogen!),
- pumpt vermehrt bei erhöhter intrazellulärer Na$^+$-Konzentration,
- ist temperaturabhängig,
- wird durch g-Strophantin (Ouabain) gehemmt und
- ist in der Niere basolateral gelegen.

Nach Blockade der ATP-Produktion einer Zelle steigt die intrazelluläre Na$^+$-Konzentration und die Zelle schwillt an.

Sekundär aktiver Transport

Anders als beim primär-aktiven Transport, bei dem die Energie direkt aus der ATP-Hydrolyse stammt, ist beim **sekundär-aktiven Transport meist ein hoher Natriumgradient die Triebkraft**. Die Na$^+$/K$^+$-ATPase baut in diesem Fall zunächst primär aktiv einen hohen Natriumgradienten auf, woraufhin die Natriumteilchen wieder in die Zelle zurückdrängen und dafür an den Transportern der Membran eine Art Zollgebühr entrichten müssen. Diese Zollgebühr besteht darin, dass sie ein Teilchen mitnehmen (Symport) oder ausschleusen (Antiport), wenn sie die Membran passieren.

Du solltest dir unbedingt merken, dass sich das **Natriumion** beim sekundär-aktiven Transport **passiv bewegt**, weil es entlang seines Konzentrationsgradienten transportiert wird. Das  im Symport oder Antiport **bewegte Teilchen** wird dagegen **sekundär-aktiv transportiert**, da dieser Transport entgegen dessen Konzentrationsgradienten stattfindet.

Da der sekundär-aktive Transport ein aktiver Transport ist, kann er entgegen des elektrochemischen Gradienten erfolgen.

Merke!

Die sekundär-aktiven Transporter sind für Substanzen/Substanzgruppen **spezifisch**, **temperaturabhängig** und **sättigbar**.

1 Allgemeine Physiologie

Beispiele sekundär-aktiver Transporter:
- Na^+/Ca^{2+}-Gegentransport (Antiport), der im distalen Tubulus an der Ca^{2+}-Resorption beteiligt ist.
- Glucosecarrier an den Nierentubuluszellen (luminal) sowie an den Dünndarmepithelzellen (luminal)
- Aminosäurecarrier im Nierentubulus

Tertiärer Transport

Der primär-aktive Transport verbraucht direkt ATP, der sekundär-aktive die aufgebaute Energie des primären Transportes. Der tertiär-aktive Transport wiederum nutzt einen Energiegradienten, der durch einen sekundär-aktiven Transport aufgebaut wurde.

> **Beispiel**
> Die Rückresorption von Dipeptiden erfolgt im Nierentubulus im Symport mit H^+-Ionen. Durch die basolaterale Na^+/K^+-ATPase wird mit einem primären Transportvorgang ein Natriumgradient aufgebaut, den der sekundär aktive Na^+/H^+-Antiporter luminal nutzt um H^+-Ionen in den Tubulus zu sezernieren. Wenn die H^+-Ionen nun wieder ihrem Gradienten folgend in die Zelle wollen, geschieht dies im Symport mit Dipeptiden und damit tertiär-aktiv.

Ein kleiner Tipp für die mündliche Prüfung: Die Antwort auf die Frage „ob es auch einen passiven Transport entgegen des **chemischen** Konzentrationsgradienten geben kann", lautet: JA. Grund: Es gibt zwar keinen passiven Transport entgegen des **elektrochemischen** Konzentrationsgradienten, aber entgegen der chemischen Kraft ist das schon möglich, vorausgesetzt, die elektrische Kraft ist größer und der chemischen entgegengesetzt.

Entgegen des elektrischen Gradienten ist das natürlich auch möglich. Dann muss eben die chemische Kraft überwiegen.

1.7.3 Elektrogener und elektroneutraler Transport

In den Examen der letzten Jahre wurde häufig nach den Ladungsverschiebungen bei Transporten durch Membranen gefragt. Bewegen sich nämlich Ionen (geladene Teilchen) durch eine Membran, nehmen sie ihre Ladungen mit:
- Ist der Ladungstransport ausgeglichen, spricht man von **elektroneutralem** Transport,
- tritt eine Ladungsverzerrung auf, ist es ein **elektrogener** Transport.

Elektroneutraler = ausgeglichener Ladungstransport

Tauschen sich im Antiport zwei positive Ladungen gegeneinander aus, so führt dies zu keiner Ladungsveränderung. Genauso verhält es sich, wenn beim Symport ein negatives Teilchen zusammen mit einem positiven bewegt wird.

Beispiele für elektroneutralen Transport:
- Na^+-H^+-Antiport im proximalen Tubulus (zwei positive Ladungen tauschen sich aus, Bilanz = 0)
- Na^+-Cl^--(thiazid-sensitiver) Symport im distalen Nierentubulus (eine positive und eine negative Ladung werden zusammen transportiert, Bilanz = 0)
- Cl^--HCO_3^--Antiport der Erythrozyten (zwei negative Ladungen tauschen sich aus, Bilanz = 0)
- H^+/K^+-ATPase der Belegzellen (zwei positive Ladungen tauschen sich aus, Bilanz = 0)

1.8 Ionen und ihre Konzentrationen

Elektrogener = ungleicher Ladungstransport

Nach einem elektrogenen Transportvorgang sind die Ladungen über der Membran anders verteilt. Grund dafür ist zum Beispiel, dass ein ungeladenes Teilchen zusammen mit einem geladenen über die Membran transportiert wird.

Beispiele für elektrogenen Transport:
- Na^+/K^+-ATPase (zwei positive Ladungen in die Zelle, drei positive hinaus, Bilanz = –1)
- Na^+-Glucose-Symport (eine positive Ladung und ein ungeladenes Teilchen kommen in die Zelle, Bilanz = +1)
- Na^+-Transport durch den Na^+-Kanal (eine positive Ladung in die Zelle, Bilanz = +1)

1.8 Ionen und ihre Konzentrationen

Ionen sind kleine geladene Teilchen (Elektrolyte), die vielfältige Aufgaben im Körper haben. Der erste Teil dieses Kapitels beschäftigt sich mit ihren unterschiedlichen Konzentrationen im Blutplasma und im Intrazellulärraum, Teil zwei geht auf ausgewählte Ionen ein und enthält prüfungsrelevante Details.
Auch wenn du nicht gerne auswendig lernst, solltest du bei Tab. 1, S. 9 über deinen Schatten springen und dir wenigstens die fett markierten  Werte merken. Die in Tab. 1, S. 9 angegeben Werte stammen aus bisherigen Physika. Da sich – je nach Messmethode – unterschiedliche Werte ergeben, wirst du in jedem Buch etwas andere Werte finden. Deswegen hat z. B. auch jedes Krankenhaus und größeres Labor seine eigenen Normalwerte (Referenzbereiche).

1.8.1 Natrium

Das Natrium ist zusammen mit dem Chlorid (Konzentration extrazellulär = ca. 105 mmol/l) die wichtigste osmotische Komponente der extrazellulären Flüssigkeit. Die extrazelluläre Konzentration wird über die Natriumaufnahme und -ausscheidung im Zusammenspiel mit mehreren Hormonsystemen (z. B. Aldosteron und ANF – s. 3.10.1, S. 50 und s. 3.10.4, S. 54) zwischen 140–145 mmol/l relativ konstant gehalten. Jedoch ist die extrazelluläre Natriumkonzentration klinisch nicht ganz so entscheidend, wie die Kaliumkonzentration. Intrazellulär beträgt die Natriumkonzentration nur 14 mmol/l, wodurch ein kraftvoller Konzentrationsgradient entsteht, der für Erregungsprozesse und zum Antrieb fast aller sekundär-aktiven Transporte genutzt wird.
Natrium wird über den Darm aufgenommen und hauptsächlich über die Nieren ausgeschieden (kurz: intestinale Resorption, renale Elimination).

	Na^+ (mmol/l)	K^+ (mmol/l)	Ca^{2+} (mmol/l)	HCO_3^- (mmol/l)	Cl^- (mmol/l)
Blutplasma	140–145	4–5	1,25 in freier ionisierter Form/2,5 Gesamtcalcium extrazellulär	25	105
Zelle	14	**150**	10^{-4}	10	5
Konzentrationsverhältnis außen/innen	10:1	1:30	$1:10^{-4}$	2,5:1	20:1

Tab. 1: Ionenverteilung inner- und außerhalb einer Zelle

1 Allgemeine Physiologie

> **Merke!**
> - Na$^+$ und Cl$^-$ sind die osmotisch wichtigsten extrazellulären Ionen
> - Die extrazelluläre Na$^+$-Konzentration beträgt 140–145 mmol/l
> - Die intrazelluläre Na$^+$-Konzentration beträgt 14 mmol/l
> - An der Zellmembran herrscht ein kraftvoller Na$^+$-Gradient von außen zu innen (10 : 1)
> - Na$^+$ wird intestinal resorbiert und renal eliminiert.

1.8.2 Kalium

Kalium ist – wenn man die Konzentrationsverteilung betrachtet – der Gegenspieler des Natriums: Es ist hochkonzentriert in der Zelle, außen jedoch wesentlich schwächer vertreten. Mit einer Konzentration **von 150 mmol/l in der Zelle** ist es dort das höchstkonzentrierte Ion. Seine normale **extrazelluläre Konzentration von 4–5 mmol/l** darf sich nur in engen Grenzen bewegen, da Kalium ein wichtiger stabilisierender Faktor des Ruhemembranpotenzials (s. 1.10, S. 15) ist.

Eine zu hohe oder zu niedrige extrazelluläre K$^+$-Konzentration kann zu Herzrhythmusstörungen und zum Herzstillstand führen.

Um die extrazelluläre K$^+$-Konzentration niedrig zu halten, wird Kalium **primär-aktiv** (unter ATP-Verbrauch) durch die Na$^+$/K$^+$-ATPase ins Zytosol gepumpt. Gefördert wird dieser Einwärtstransport unter anderem von Insulin, einem Hormon, das man sonst eher mit dem Blutzuckerspiegel in Verbindung bringt.

Der Kaliumhaushalt kann auf mehrere Arten aus dem Gleichgewicht geraten. Unterschieden wird eine
- Hypokaliämie (zu wenig extrazelluläres Kalium) von einer
- Hyperkaliämie (zu viel extrazelluläres Kalium).

Gründe für eine **Hypokaliämie** wären: Durchfallerkrankungen oder regelmäßiges Erbrechen
- zu hoher Aldosteronspiegel (Hyperaldosteronismus)

Beispiele für eine **Hyperkaliämie** sind:
- terminale Niereninsuffizienz: Die Kaliumausscheidung ist vermindert.
- Zellzerfall, z. B. bei Tumorzerfall bei zytostatischer Therapie oder Hämolyse: Durch Zerstörung der Erythrozyten tritt viel Kalium aus.
- akute Azidose: Jede pH-Veränderung wirkt auf die Na$^+$/K$^+$-ATPase und somit auf die Kaliumverteilung zwischen Extra- und Intrazellulärraum; eine pH-Erniedrigung führt zur Erhöhung des extrazellulären Kaliums.
- Hypoaldosteronismus: Aldosteron stimuliert die Kaliumausscheidung in der Niere und die Kaliumaufnahme in die Zellen. Bei einem Aldosteronmangel oder der Gabe von Aldosteronantagonisten wie z. B. Spironolacton wie z. B. Spironolacton (Hemmung von renalen Mineralocorticoid-Rezeptoren) kommt es somit zu einer Zunahme der extrazellulären Kaliumkonzentration.

> **Merke!**
> Zur Hypokaliämie kommt es, wenn zuviel Kalium ausgeschieden wird.
> Zur Hyperkaliämie kommt es, wenn zu wenig Kalium ausgeschieden wird oder Kalium aus den Zellen austritt (Kalium hat die höchste intrazelluläre Konzentration aller Ionen). Für diese Definitionen solltest du dir die oben gennanten Beispiele noch einmal ansehen.

Warum kommt es bei einer Hyperkaliämie eigentlich zum Herzstillstand? Antwort: Eine starke Hyperkaliämie bewirkt ein positiveres Ruhemembranpotential (s. 1.10, S. 15), am Herzen auch maximal diastolisches Potential (MDP) genannt. Dieses positivere MDP führt zur Inaktivierung der Na$^+$-Kanäle, was zur schlimmsten Folge haben kann, dass das Aktionspotenzial im AV-Knoten nicht mehr auslösbar ist und es zum Herzstillstand kommt.

> **Übrigens …**
> Etwas Gutes hat dieser Mechanismus aber auch: Bei Herztransplantationen macht man ihn sich zunutze, um einen reversiblen Herzstillstand durch kardioplege Lösungen künstlich zu erzeugen.

TATORT Blutabnahme: Der wenige Wochen zuvor beim Physikum erfolgreiche Medizinstudent Kevin K. hat genug vom studentischen Lotterleben und stürzt sich in seine Famulatur. Er nimmt seinen bunten Stauschlauch, staut den Arm der rüstigen Rentnerin Erna P. und sticht unerbittlich zu. Nach diversen Versuchen, die der Stationsarzt mit einem „Na, vielleicht zahlt uns die Kasse ja die Akupunkturbehandlung" quittiert, gelingt es, Tropfen des roten Saftes in einem Röhrchen zu sichern und einer laborchemischen Untersuchung zuzuführen. Und die Mühe war nicht umsonst … Ein Anruf aus dem Labor diagnostiziert eine Hyperkaliämie von 7,1 mmol/l. Mit stolz geschwellter Brust und in dem Glauben, wahrscheinlich das Leben der Erna P. verlängert, wenn nicht gerettet zu haben, berichtet er dem Stationsarzt, „dass auch Akupunktur schließlich ernsthafte Schäden erkennen und verhindern könne." Ohne ein Wort zu sagen, dreht sich Assistenzarzt Lukas P. um, nimmt eine Kanüle, zirkelt diese ansatzlos in eine mittelgroße Vene, die vor fünf Minuten dort so noch nicht gewesen sei, wie Medizinstudent Kevin K. schwört. Die Spontanheilung zeigt sich im Laborbericht mit einem Kaliumwert von 4,2 mmol/l, die Stationsarzt Lukas P. mit dem lauten Kundtun des neuen Spitznamen A. Kupunktur seines Studenten zur Kenntnis nimmt.

So oder so ähnlich kann es dir ergehen (ich kann heute noch die Schweißperlen auf meiner Stirn spüren). Umgehen lässt sich die artifizielle Hyperkaliämie folgendermaßen: Durch das lange Stauen sind viele Erythrozyten hämolysiert (geplatzt), das intrazelluläre Kalium ist aus den roten Blutzellen ausgetreten und hat eine lokale Hyperkaliämie im Unterarm verursacht. Hast du daher eine würdige Vene gefunden, Finger drauflassen, den Stauschlauch für eine Minute lösen (so fließt das Kalium ab), erneut Stauen und dann die Kanüle ansetzen. Die prüfungsrelevante Moral von der Geschichte: „Eine Hyperkaliämie kann durch Hämolyse entstehen".

> **Merke!**
> – K^+ ist das Ion mit der höchsten intrazellulären Konzentration von 150 mmol/l
> – Die extrazelluläre K^+-Konzentration beträgt 4–5 mmol/l
> – K^+ wird primär aktiv ins Zytosol transportiert
> – Insulin fördert die Kaliumaufnahme in die Zellen

1.8.3 Calcium

Vom Gesamtcalcium des Körpers befindet sich nur **ein Prozent im Umlauf (im Blut)**, der Rest (99 %) ist als Calciumphosphat im Knochen gebunden. Aus dem Knochen kann Calcium durch das Parathormon mobilisiert werden. Das eine Prozent, das im Plasma umherschwimmt, hat dort eine Konzentration von 2,5 mmol/l. Von diesen 2,5 mmol/l Calcium ist aber nur die Hälfte ungebunden, frei, ionisiert und biologisch aktiv. Der Rest ist komplex- oder proteingebunden (an Phosphat oder Albumin) und deswegen in der Niere NICHT frei filtrierbar, da dieses gebundene Calcium den Filtermechanismus gar nicht erst überwinden kann.

Calcium ist im Zellinneren sehr niedrig konzentriert: Im Zytosol beträgt die Ca^{2+}-Konzentration 10^{-4} mmol/l und ist daher um den Faktor 10 000 – 100 000 kleiner als die extrazelluläre Ca^{2+}-Konzentration. Da weniger manchmal aber auch mehr ist, kommt die Calciumkonzentration in fast jedem Examen vor.

Im schriftlichen Examen wurde bei Fragen nach dem Verhältnis von intra- zu extrazellulärem Calcium schon mal ein Verhältnis von

1 Allgemeine Physiologie

< 0,001 als Antwort angeboten. Beachtet bei solchen Fragen bitte, dass **„unter/kleiner als 0,001" auch 0,00001** oder noch weniger bedeuten kann, was ja das wahre Verhältnis von intra- zu extrazellulärem Calcium ist. Die richtige Antwort war hier also einzig und allein am Wörtchen „unter" zu erkennen.

Calcium konkurriert in seiner Proteinbindung am Albumin mit H⁺-Ionen. Das heißt, dass es bei Störungen im Säure-Basenhaushalt auch immer zu Veränderungen der aktiven (freien und ionisierten) Calciumkonzentration kommt. Bei einer Azidose (niedriger pH-Wert = zu viele H^+-Ionen) verdrängen die Wasserstoff-Ionen (H^+) die Calcium-Ionen von ihren Proteinbindungsplätzen mit der Folge, dass mehr freies und aktives Calcium im Blutplasma herum schwimmt. Die Gesamtcalciumkonzentration im Blut ändert sich dadurch aber NICHT! Umgekehrt kommt es bei einer **Alkalose (hoher pH-Wert = wenige H^+-Ionen) zum Absinken der freien Calciumkonzentration im Plasma**, weil mehr Proteinbindungsplätze für Calciumionen vorhanden sind und auch genutzt werden. Da das freie und aktive Calcium Einfluss auf viele Zellen und deren Erregbarkeit hat, können Störungen des Säure-Basenhaushalts zu diversen Symptomen wie z. B. Hyperventilationstetanie, Kribbelparästhesien und Taubheitsgefühlen führen.

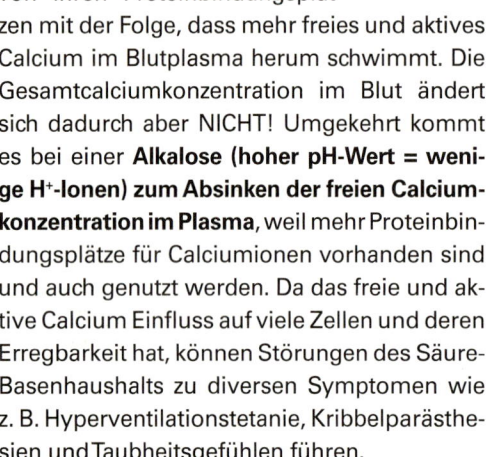

Eine Hyperventilationstetanie ist eine gesteigerte Lungenbelüftung mit Verschiebungen im Elektrolythaushalt, die zu einer gesteigerten neuromuskulären Erregbarkeit führt. Diese zeigt sich an den Symptomen wie Parästhesien (Missempfindungen, Kribbeln ...), Pfötchenstellung der Hände und Karpfenmaul (Verkrampfung der Lippen). Grund hierfür ist, dass durch die gesteigerte Ventilation CO_2 abgeatmet wird und der pH-Wert im Blut steigt (Alkalose). Dies führt zu einer Absenkung des freien und aktiven Calciums, weil mehr Calcium an Albumin gebunden wird (relative Hypocalciämie), was wiederum die Übererregbarkeit des Nervensystems bedingt. Also nicht eine Tetanie, wie du sie aus der Muskelphysiologie kennst! Häufiger Grund für Hyperventilationstetanien sind psychische Ausnahmesituationen, z. B. bei Popkonzerten, wenn Bands, in deren Namen die Hauptstadt von Japan vorkommt, auf übererregbare junge Damen treffen. Therapie: Das CO_2 rückatmen lassen, z. B. durch eine Tüte oder ein längeres Rohr.

> **Merke!**
>
> Zum Thema Calcium solltest du dir folgende Fakten merken:
> - 1 % des Gesamtcalciums befindet sich außerhalb des Knochens mit einer Konzentration von 2,5 mmol/l. Davon sind 1,25 mmol/l frei und biologisch aktiv, die andere Hälfte ist proteingebunden.
> - Das Ca^{2+}-Verhältnis von intra- zu extrazellulär beträgt circa $10^{-4}:1$.
> - Bei Azidose ist mehr freies Calcium, bei Alkalose weniger freies Calcium vorhanden. Grund: Das H^+ konkurriert mit Calcium um die Proteinbindung am Albumin.
> - Eine Hypercalciämie kann durch eine Überdosierung von Calcitriol entstehen.
> - Calcium ist beteiligt an der Muskelkontraktion, der Glykogenolyse im Muskel, der Exozytose von Neurotransmittern und der Prothrombinaktivierung bei Gefäßverletzungen.
> - In vielen Zellen werden Ca^{2+}-Ionen durch IP_3 aus ihren intrazellulären Speichern freigesetzt.

1.9 Gleichgewichtspotenzial und Nernstgleichung

Beim Lesen der Begriffe Gleichgewichtspotenzial und Nernstgleichung stellen sich wahrscheinlich bei vielen von euch schon die Nackenhaare auf. Dabei ist es gar nicht soooo schlimm.

Um die meisten Fragen im schriftlichen Examen zu beantworten, bedarf es nämlich lediglich einiger weniger „Kochrezepte." Wem das auch noch nicht schmeckt, der sollte sich wenigstens die am häufigsten gefragten Potenziale ansehen und merken.

Vergegenwärtigen wir uns zunächst noch mal, was für Kräfte auf ein Ion wirken: Es gibt die elektrischen (E_m) und die chemischen Triebkräfte (E_x). Um die resultierende elektrochemische Triebkraft (E) zu erhalten, muss man diese beiden Kräfte kombinieren, und das gelingt mit folgender Formel:

$$E = E_m - E_x$$

Nimmt man nun an, die elektrische (E_m) und die chemische Triebkraft (E_x) seien gleich groß, aber entgegengesetzt, dann hat die resultierende Triebkraft E den Wert Null. Aber Vorsicht: „Schon die Mathematik lehrt uns, dass man Nullen nicht übersehen darf." (Gabriel Laub, polnischer Satiriker)

Die Null sagt uns lediglich, dass kein Nettofluss an Ionen stattfindet, weil die Kräfte ausgewogen sind. Da es sich hier aber um ein dynamisches Gleichgewicht handelt, wechseln trotzdem Teilchen die Seiten. Jedes dieser Teilchen hat aber seinen Tauschpartner, sodass letztendlich (netto) alles ausgewogen bleibt.

> **Übrigens ...**
> Die Triebkraftberechnungen erforderten bislang nur das einfache Einsetzen von gegebenen Zahlen in die Formel
> $$E = E_m - E_x$$

Rechenbeispiel zur Triebkraft aus einem Examen:
Ruhemembranpotenzial = –60 mV,
Gleichgewichtspotenzial von Natrium = +60 mV.
Nach Einsetzen in die Formel steht da:
E = (–60 mV) – 60 mV = –120 mV
Das bedeutet, dass Natrium mit einer Potenzialdifferenz von –120 mV in die Zelle getrieben wird.

Du solltest dir merken:
– positive Ströme = Auswärtsbewegung von Kationen
– negative Ströme = Einwärtsbewegung von Kationen

Kationen sind – wie das **K**alium – positiv geladene Teilchen.

Für das Gleichgewichtspotenzial:
– Das elektrochemische Potenzial E (Triebkraft) für Ionen an der Membran errechnet sich aus der Differenz von aktuellem Membranpotenzial (E_m) und dem Gleichgewichtspotenzial für das betreffende Ion (E_x).
– Beim Gleichgewichtspotenzial beträgt die elektrochemische Potenzialdifferenz für das betreffende Ion 0. Daher sind hier die elektrische und die chemische Triebkraft gleich groß, aber entgegengesetzt gerichtet!
– Das Gleichgewichtspotenzial lässt sich mit der Nernstgleichung berechnen.

1.9.1 Nernstgleichung

Die Nernstgleichung dient dazu, das Gleichgewichtspotenzial für eine bestimmte Ionensorte zu berechnen:

$$\text{Gleichgewichtspotenzial } E_x = \frac{R \cdot T}{F \cdot Z} \ln \frac{[\text{Ion}_{außen}]}{[\text{Ion}_{innen}]}$$

R = Gaskonstante
T = absolute Temperatur
F = Faraday-Konstante
Z = Wertigkeit des Ions (Vorzeichen)

Abb. 7: Nernstgleichung

medi-learn.de/6-physio1-7

Setzt man in die Nernstgleichung die Konstanten ein und ersetzt den natürlichen durch den dekadischen Logarithmus, so erhält man folgende Formel:

$$E_x = \frac{60 \text{ mV}}{Z} \cdot \lg \frac{[\text{Ion}_{außen}]}{[\text{Ion}_{innen}]}$$

Das **z** gibt die Ladungszahl des Ions (Wertigkeit) an. Für Natrium und Kalium beträgt sie +1, für Calcium +2 und für **Chlorid –1**. Auf diese Feinheit wurde in den letzten Examen oft Wert gelegt. Wird daher wieder mal nach Chlorid

1 Allgemeine Physiologie

gefragt, muss ein Minuszeichen vor die Formel und bei Calcium müssen die 60 mV noch durch z (+2) geteilt werden, was dann 30 mV ergibt.

Übersicht über gebräuchliche dekadische Logarithmen:
- log von 10 = 1
- log von 100 = 2
- log von 1 000 = 3
- log von 10^{-3} = –3

Also einfach die Nullen zählen (Beispiel 1–3) oder die Hochzahl nehmen (Beispiel 4).

Beispiel 1:
Natrium intrazellulär sei 14 mmol/l, Natrium extrazellulär 140 mmol/l. Eingesetzt in die Formel ergibt das:

$$E_{Na^+} = 60\ mV \cdot \log \frac{140\ mmol/l}{14\ mmol/l}$$
$$= 60\ mV \cdot \log \frac{140}{14}$$
$$= 60\ mV \cdot \log 10 = 60\ mV \cdot 1 = 60\ mV$$

140/14 = 10 und log von 10 = 1.
Damit beträgt das Gleichgewichtspotenzial 60 mV · 1 = **60 mV**.

Beispiel 2:
Die Calciumkonzentration im Zytosol einer Zelle sei 10 000-fach geringer als extrazellulär. Eingesetzt in die Formel ergibt dies mit z = 2:

$$E_{Ca^{2+}} = \frac{60\ mV}{2} \cdot \log \frac{10000}{1}$$

da 60/2 = 30 und log von 10000 = 4, ergibt sich 30 mV · 4 = +120 mV

Beispiel 3:
Chlorid intrazellulär sei 12 mmol/l, Chlorid extrazellulär 120 mmol/l. Eingesetzt in die Formel, mit **z für Chlorid** = –1 ergibt dies:

$$E_{Cl^-} = \frac{60\ mV}{-1} \cdot \log \frac{120\ mmol/l}{12\ mmol/l}$$
$$= -60\ mV \cdot \log \frac{120}{12}$$
$$= -60\ mV \cdot \log 10 = -60\ mV \cdot 1$$
$$= -60\ mV$$

Da 120/12 = 10 und log von 10 = 1 erhält man –60 mV · 1 = **–60 mV**.

Beispiel 4:
Chlorid intrazellulär sei 2 mmol/l, Chlorid extrazellulär 200 mmol/l. Analog zu Beispiel 3 ergibt dies:

$$E_{Cl^-} = \frac{60\ mV}{-1} \cdot \log \frac{200\ mmol/l}{2\ mmol/l}$$
$$= -60\ mV \cdot \log 100 = -60\ mV \cdot 2$$
$$= -120\ mV$$

Da log von 100 = 2 ist, ergibt sich –60 mV · 2 = –120 mV.

Wenn die Formel umgedreht wird, also
$$\log \cdot \frac{[Ion_{aussen}]}{[Ion_{innen}]} = -\log \cdot \frac{[Ion_{innen}]}{[Ion_{aussen}]}$$
dann muss noch ein Minuszeichen vor die Gleichung. Also:
$$E_x = -60\ mV \cdot \log \frac{[Ion_{innen}]}{[Ion_{aussen}]}$$

Das Endergebnis ist dasselbe. Probier' es aus!

> **Merke!**
>
> Das normale Gleichgewichtspotenzial von Natrium beträgt +60 mV, das von Kalium –90 mV und das von Calcium +120 mV.

1.10 Ruhemembranpotenzial

Das Ruhemembranpotenzial gilt – wie schon der Name sagt – für eine ruhende Zelle. Sein Wert beträgt **ungefähr –70 mV**. Während das Gleichgewichtspotenzial für eine einzelne Ionensorte gilt, bezeichnet das Ruhemembranpotenzial die Aufladung einer ganzen Zellmembran. Grundsätzlich setzt es sich aus den Gleichgewichtspotenzialen aller Ionen und der Leitfähigkeit der Membran für diese verschiedenen Ionen zusammen, die außen und innen an der Zellmembran herumschwimmen. Allerdings ist es im Körper wie in der Politik: Nicht jede Fraktion hat denselben Einfluss – nur die großen Parteien bestimmen, was am Ende passiert. In unserem Fall wird das Ruhemembranpotenzial hauptsächlich vom Kalium bestimmt und liegt ungefähr bei –70 mV, in der Nähe des Kaliumgleichgewichtspotenzials von –90 mV. Wie baut sich nun ein Ruhemembranpotenzial auf? Die Na$^+$/K$^+$-ATPase verteilt Natrium und Kalium auf die beiden Kompartimente: Natrium wird in den Extrazellulärraum, Kalium in den Intrazellulärraum transportiert. Dies ist  die Grundlage für den Aufbau des Ruhemembranpotenzials. Sein Wert hängt jedoch davon ab, wie groß die Leitfähigkeit der Membran für die verschiedenen Ionensorten ist. Da die Membran wesentlich leitfähiger für Kalium als für Natrium ist, versuchen die Kaliumionen in Richtung ihres Gleichgewichtspotenzials zu strömen (–90 mV). Da es auch eine geringe Durchlässigkeit für andere Ionen – wie Natrium mit einem Gleichgewichtspotenzial von +60 mV und Calcium mit +120 mV – gibt, werden nicht die vollen –90 mV als Ruhemembranpotenzial erreicht, sondern eben nur ungefähr –70 mV. Das Ruhemembranpotenzial ist also ein Diffusionspotenzial, das als Grundlage die Na$^+$/K$^+$-ATPase braucht, dessen Wert jedoch von der Leitfähigkeit/Durchlässigkeit der Membran für die einzelnen Ionen bestimmt wird. Da das Ruhemembranpotenzial in der Nähe des Kaliumgleichgewichtspotenzials liegt, ändert es sich, wenn sich das Kaliumgleichgewichtspotenzial verändert:

Das Ruhemembranpotenzial wird positiver (die Membran depolarisiert), wenn die **Öffnungswahrscheinlichkeit der Kaliumkanäle sinkt**. Das bedeutet, dass die Leitfähigkeit oder Durchlässigkeit der Membran für Kalium im Verhältnis zu den anderen Ionen sinkt, und andere Ionen mit positiverem Gleichgewichtspotenzialen mehr Einfluss auf das Ruhemembranpotenzial bekommen. Ebenfalls zur Depolarisation kommt es, wenn die extrazelluläre Kaliumkonzentration steigt. In diesem Fall verändert sich das Gleichgewichtspotenzial von Kalium (s. Nernstgleichung 1.9.1, S. 13): Es wird weniger negativ. Da das Ruhemembranpotenzial ja immer in seiner Nähe liegt, wird auch dieses weniger negativ. **Sollten sich die Leitfähigkeiten für Natrium und Kalium gleichzeitig verdoppeln, so verändert sich am Ruhemembranpotenzial hingegen nichts,** da sich ja nichts an dem Verhältnis der beiden Ionen geändert hat. Analog zur Politik: Wenn die beiden großen Parteien jeweils ihre Wählerstimmen verdoppeln, ändert dies an der Sitzverteilung im Parlament nichts, da das Verhältnis gleich geblieben ist. Ist es jedoch hypothetisch so, dass die Durchlässigkeiten von Natrium und Kalium an einer Membran gleich sind, würde sich das Ruhemembranpotenzial in der Mitte zwischen den beiden Gleichgewichtspotenzialen befinden (vorausgesetzt, diese hypothetische IMPP-Membran sei nur für diese beiden Ionen durchlässig). Bei einem Natrium-Gleichgewichtspotenzial von +60 mV und einem Kalium-Gleichgewichtspotenzial von –90 mV läge diese Mitte bei –15 mV.

1 Allgemeine Physiologie

Rechnungen zum Membranpotenzial
Neben dem physiologischen Membranpotenzial wie es in natürlichen Zellen vorkommt, gibt es häufig Fragen zu erfundenen Modellzellen mit Vorgaben von Verhältnissen der Leitfähigkeiten und Gleichgewichtspotenzialen zur Ermittlung des Membranpotenzials. Noch mal sei erwähnt, dass das Membranpotenzial von den unterschiedlichen Verhältnissen der Leitfähigkeiten der Ionen an einer Membran abhängt, je höher die Leitfähigkeit für ein Ion desto größer ist der Einfluss des Gleichgewichtspotenzials dieses Ions für das Membranpotenzial.

Rechenschritte:
1. Multipliziere die angegebenen Gleichgewichtspotenziale mit dem Verhältnis der Leitfähigkeiten
2. Addiere die Ergebnisse
3. Teile die erhaltene Summe durch die Gesamtanzahl der Verhältnisse

1. Beispiel
K^+–Gleichgewichtspotenzial −80 mV, Na^+–Gleichgewichtspotenzial +40 mV. Fraktionelle Leitfähigkeit für K^+ dreimal so groß wie für Na^+. (Verhältnis von 3 : 1 = Gesamtzahl der Verhältnisse 3 + 1 = 4)

1. Multiplikation:
   3 · −80 mV K^+–Gleichgewichtspotenzial = −240 mV
   1 · 40 mV Na^+–Gleichgewichtspotenzial = +40 mV
2. Addition: −240 mV + 40 mV = −200 mV
3. −200 mV/4 = −50 mV als Ergebnis des Membranpotenzials dieser Modellzelle

2. Beispiel
K^+–Gleichgewichtspotenzial −80 mV, Na^+–Gleichgewichtspotenzial +60 mV. Das Verhältnis der Leitfähigkeiten sei 4 : 3 zu Gunsten des Kaliums (Gesamtanzahl der Verhältnisse 4 + 3 = 7).
Welches Membranpotenzial resultiert?
1. Multiplikation:
   4 · −80 mV K^+–Gleichgewichtspotenzial = −320 mV
   3 · 60 mV Na^+–Gleichgewichtspotenzial = +180 mV
2. Addition: −320 mV + 180 mv = −140 mV
3. −140 mV/7 = −20 mV als Ergebnis des Membranpotenzials dieser Modellzelle

Diese Rechenmethode gilt auch für oben beschriebenes Beispiel wenn beide Leitfähigkeiten gleich sind. Ausprobieren!

DAS BRINGT PUNKTE

Richtig viele Punkte bringen die **Ionenverteilungen und -konzentrationen**. Daher solltest du dir merken:
- Natrium intrazellulär = 14 mmol/l, extrazellulär = 140–145 mmol/l
- Kalium intrazellulär = 150 mmol/l, extrazellulär = 4–5 mmol/l
- Calcium intrazellulär = unter 0,001 mmol/l, extrazellulär gesamt = 2,5 mmol/l, davon FREI UND AKTIV = 1,25 mmol/l
- Calcium hat in der Zelle die geringste Konzentration und das Verhältnis von intra- zu extrazellulär beträgt 1:10 000 (weniger als 0,001). Nur 1 % des Gesamtcalciums befindet sich außerhalb des Knochens und es hat dort die Konzentration 2,5 mmol/l. Davon sind 1,25 mmol/l frei und biologisch aktiv, die andere Hälfte ist proteingebunden.
- Kalium ist in der Zelle am höchsten konzentriert (150 mmol/l) und wird primär aktiv ins Zytosol transportiert. Insulin fördert die Kaliumaufnahme in die Zelle.
- Natrium ist die wichtigste extrazelluläre Komponente und hat dort eine Konzentration von ungefähr 140 mmol/l. Der kraftvolle Natriumgradient ist der Antrieb für fast alle sekundär aktiven Transporte.
- Die Na^+/K^+-ATPase arbeitet primär aktiv: Sie pumpt zwei Kaliumionen in die Zelle und drei Natriumionen aus der Zelle heraus. Außerdem ist sie durch g-Strophantin hemmbar. Nach ihrer Hemmung sammelt sich intrazellulär Natrium an und es kommt zur Zellschwellung.

Außerdem kannst du noch wertvolle Punkte mitnehmen, wenn du zum Thema **Transportprozesse** Folgendes weißt:
- Transporte und Transporter sind immer temperaturabhängig.
- Elektrogener Transport bedeutet, dass eine Ladungsverzerrung beim Transport stattfindet.
- Elektroneutraler Transport bedeutet, dass die Ladungen ausgeglichen transportiert werden.

Aus dem Bereich **Gleichgewichtspotenzial** und **Nernstgleichung** sind folgende Fakten prüfungsrelevant:
- Beim Gleichgewichtspotenzial sind elektrische und chemische Triebkraft gleich groß, aber entgegengesetzt: Die resultierende Triebkraft beträgt daher null. Das Gleichgewichtspotenzial wird mit der Nernstgleichung berechnet und beträgt für Natrium +60 mV, für Kalium –90 mV und für Calcium +120 mV.

Zum Thema **Ruhemembranpotenzial** solltest du Folgendes parat haben:
- Du solltest wissen, wie man das Gleichgewichtspotenzial mit der Nernstgleichung berechnet (s. 1.9.1, S. 13).
- Die Triebkraft berechnet man mit der Formel:
$E = E_m - E_x$, wobei positive Ströme dem Ausstrom von Kationen entsprechen.
- Das Ruhemembranpotenzial liegt in der Nähe des Kaliumgleichgewichtspotenzials bei –70 mV. Es entsteht durch die Rückdiffusion der Ionen und ist abhängig von den – je nach Ionensorte – unterschiedlichen Leitfähigkeiten der Membran.

FÜRS MÜNDLICHE

Auch in der mündlichen Prüfung könnte es durchaus um so grundlegende Sachverhalte wie Diffusion oder Osmose gehen. Bei diesen und ähnlichen Begriffen willst du dann selbstverständlich nicht ins Stottern kommen, sondern passende Antworten parat haben.

1. Bitte erklären Sie, was das Ruhemembranpotenzial ist, wie es entsteht und welchen Wert es hat.

2. Erläutern Sie bitte was ein Gleichgewichtspotenzial ist und wie es berechnet wird.

3. Bitte erklären Sie mir, was eine Diffusion ist.

4. Bitte erklären Sie, was Osmose ist.

5. Erklären Sie, wie eine Hyperkaliämie zustande kommt und warum sie so gefährlich ist.

6. Welche Transportformen kennen Sie?

---

1. Bitte erklären Sie, was das Ruhemembranpotenzial ist, wie es entsteht und welchen Wert es hat.

Das Ruhemembranpotenzial ist die Potenzialdifferenz zwischen der Innen- und der Außenseite der Zellmembran. Es ist ein Diffusionspotenzial. Die Na^+/K^+-ATPase verteilt die Ionen zwischen intra- und extrazellulär, die dann durch spezifische Kanäle wieder zurückdiffundieren. Je größer die Durchlässigkeit der Membran für die einzelnen Ionen ist, desto größer ist ihr Anteil am Ruhemembranpotenzial. In der normalen Zelle hat Kalium den größten Einfluss auf das Ruhemembranpotenzial, das bei ungefähr –70 mV liegt (s. 1.10, S. 15).

2. Erläutern Sie bitte, was ein Gleichgewichtspotenzial ist und wie es berechnet wird.

Das Gleichgewichtspotenzial gibt für eine bestimmte Ionensorte an, bei welcher Spannung diese Ionen keinen Nettofluss über die Membran hätten. Es kann mit der Nernstgleichung berechnet werden.
Beispiele für Gleichgewichtspotenziale:
– Natrium = +60 mV
– Kalium = –90 mV
– Calcium = +120 mV

3. Bitte erklären Sie mir, was eine Diffusion ist.

Diffusion ist die Transportform, bei der frei bewegliche Teilchen aufgrund ihrer zufälligen thermischen Bewegungen Konzentrationen ausgleichen. Das heisst, nach einer bestimmten Zeit befinden sich alle Konzentrationen im Gleichgewicht. Die Geschwindigkeit, mit der dieser Zustand eintritt, wird durch das Fick-Diffusionsgesetz beschrieben:

$$\frac{\Delta Q}{\Delta t} = D \cdot A \cdot \frac{c_1 - c_2}{d}$$

$\frac{\Delta Q}{\Delta t}$ = Netto-Diffusionrate in mol/s
D = Fick-Diffusionskoeffizient
d = Diffusionsstrecke
A = Membranfläche
$c_1 - c_2$ = Konzentrationsunterschied Δc

4. Bitte erklären Sie, was Osmose ist.

Osmose ist – wie die Diffusion – eine passive Transportform. Im Unterschied sind hier die Teilchen jedoch nicht frei beweglich, sondern durch eine semipermeable Membran (z. B. Zellmembran) voneinander getrennt. Um die Konzentrationen auszugleichen, bewegt sich daher nur das Lösungsmittel, was zur Erhöhung des hydrostatischen Drucks in der höher konzentrierten Lösung führt (s. 1.7.1, S. 4).

FÜRS MÜNDLICHE

5. Erklären Sie, wie eine Hyperkaliämie zustande kommt und warum sie so gefährlich ist.

Eine Hyperkaliämie kann z. B. bei einer Hämolyse entstehen, da Kalium das höchstkonzentrierte intrazelluläre Ion ist und bei einer Hämolyse Erythrozyten platzen, wodurch deren Kalium freigesetzt wird. Weitere Ursache einer Hyperkaliämie kann die gestörte Kaliumausscheidung bei einer Niereninsuffizienz oder einem Hypoaldosteronismus sein. Auch bei akuter Azidose kommt es zur Hyperkaliämie, weil hier der niedrige pH-Wert auf die Na^+/K^+-ATPase wirkt und die Ionenverteilung verändert. Gefährlich ist die Hyperkaliämie, weil sie das Ruhemembranpotenzial in Richtung Depolarisation verschiebt und dies gerade am Herzen zu gefährlichen Rhythmusstörungen bis hin zum Herztod führen kann.

6. Welche Transportformen kennen Sie?
- aktive (z. B. Transporter) und passive (z. B. Kanäle)
- elektrogene (z. B. Na^+/K^+-ATPase) und elektroneutrale (z. B. Na^+/H^+-Antiport)
- primäre (z. B. H^+-ATPasen), sekundäre (z. B. Na^+/Glucose-Symporter) und tertiäre (z. B. Dipeptid/H^+-Symport im Nierentubulus, s. 1.7.2, S. 6)

Mehr Cartoons unter www.medi-learn.de/cartoons

Pause

Erste Pause!
Hier was zum Grinsen für Zwischendurch ...

Ein besonderer Berufsstand braucht besondere Finanzberatung.

Als einzige heilberufespezifische Finanz- und Wirtschaftsberatung in Deutschland bieten wir Ihnen seit Jahrzehnten Lösungen und Services auf höchstem Niveau. Immer ausgerichtet an Ihrem ganz besonderen Bedarf – damit Sie den Rücken frei haben für Ihre anspruchsvolle Arbeit.

- Services und Produktlösungen vom Studium bis zur Niederlassung
- Berufliche und private Finanzplanung
- Beratung zu und Vermittlung von Altersvorsorge, Versicherungen, Finanzierungen, Kapitalanlagen
- Niederlassungsplanung & Praxisvermittlung
- Betriebswirtschaftliche Beratung

Lassen Sie sich beraten!

Nähere Informationen und unseren Repräsentanten vor Ort finden Sie im Internet unter www.aerzte-finanz.de

Standesgemäße Finanz- und Wirtschaftsberatung

2 Wasserhaushalt

 Fragen in den letzten 10 Examen: 6

Bevor es mit den häufig geprüften Störungen des Wasserhaushalts losgeht, solltest du dir kurz die normalen Verhältnisse anschauen und lernen, wie man sie bestimmen kann. Geht man von der fettfreien Körpermasse aus, so beträgt der normale Wasseranteil des Körpers 73 %. Fettgewebe hat einen relativ niedrigen Wassergehalt. Da Frauen im Durchschnitt einen höheren Fettanteil als Männer haben, ist ihr Wasseranteil mit 55 % entsprechend geringer als der der Männer mit 65 %. Mit zunehmendem Alter nimmt bei beiden Geschlechtern der Wassergehalt des Körpers ab, Falten und Runzeln dagegen zu. Man hat den Kindern immer gesagt: „Iss' deinen Teller auf, sonst gibt es kein gutes Wetter!" Und nun haben wir dicke Kinder und Klimaerwärmung.

Das Körperwasser verteilt sich auf vier verschiedene Räume:
- die intrazelluläre Flüssigkeit (in den Zellen),
- die interstitielle Flüssigkeit (zwischen den Zellen),
- das Plasma (in den Gefäßen) und
- die transzelluläre Flüssigkeit (Liquor, Galle, Flüssigkeit in der Augenkammer, den Nierentubuli …).

Die interstitielle Flüssigkeit und das Plasmavolumen bilden zusammen die Extrazellulärflüssigkeit. Man kann die Volumina der einzelnen Kompartimente mit Hilfe der **Verdünnungsmethode** berechnen. Dabei wird eine bestimmte Menge einer Substanz (z. B. Inulin) injiziert, von der bekannt ist, in welchen Kompartimenten sie sich verteilt. Anschließend wird ihre Konzentration im Plasma gemessen und daraus berechnet, in was für einem Volumen sie sich verteilt haben muss.

Das intrazelluläre Verteilungsvolumen erhält man, indem man vom Gesamtwasservolumen das Verteilungsvolumen von Inulin abzieht.

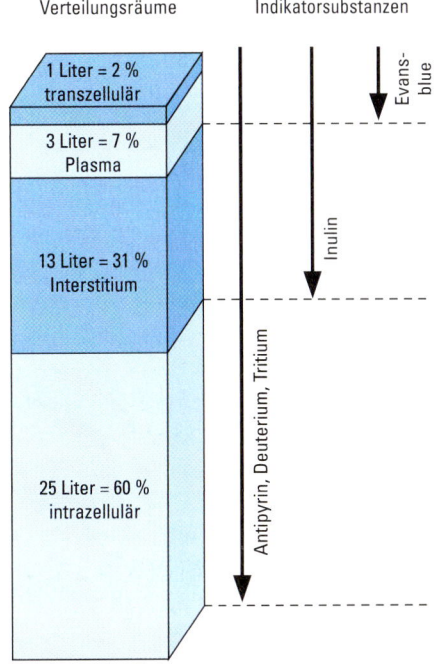

Verteilung unterschiedlicher Indikatorsubstanzen, die für einzelne Kompartimente spezifisch sind:
- Tritium, Deuterium und Antipyrin verteilen sich im Gesamtwasser.
- Inulin verteilt sich nur im Extrazellulärraum.
- Evansblue und markiertes Albumin verlassen die Blutbahn NICHT und geben deshalb Aufschluss über das Plasmavolumen.

Abb. 8: Normale Wasserverteilung im Körper

medi-learn.de/6-physio1-8

> **Merke!**
>
> Formel Indikatorverdünnungsmethode:
>
> $$V = \frac{\text{Stoffmenge}_{in}}{C_{Plasma}}$$
>
> V = Verteilungsvolumen
> Stoffmenge$_{in}$ = injizierte Stoffmenge
> C$_{Plasma}$ = gemessene Konzentration im Plasma

2 Wasserhaushalt

Rechenbeispiel aus dem schriftlichen Examen:

Einem 70 Kilogramm schweren normalen Probanden wird tritiummarkiertes Wasser mit einer Aktivität von 10 000 Bq intravenös appliziert (Halbwertszeit von ^3H = ca. zwölf Jahre). Nach zwei Stunden wird die Aktivität des Markers im Plasma bestimmt. Welcher der Messwerte ist hierbei am wahrscheinlichsten zu erwarten? Die Prüfungskommission setzt hier viel voraus: Sie erwartet, dass du weißt, wie viel Gesamtwasser ein 70 Kilogramm schwerer Mann hat: Das sind ungefähr 40 Liter. Dann musst du noch wissen, dass Tritium sich überall verteilt (^3H = ein Indikator fürs Gesamtwasser) und die Gleichung der Indikatorverdünnungsmethode auswendig kennen, bevor es ans Rechnen geht: Zunächst musst du die Gleichung

$$V = \frac{\text{Stoffmenge in}}{C_{Plasma}}$$

nach der Konzentration auflösen:

$$C_{Plasma} = \frac{\text{Stoffmenge in}}{V}$$

Nun setzt du die Zahlen ein, in diesem Beispiel aber statt der Konzentration die radioaktive Aktivität pro Liter (Bq/l). Somit:

$$C_{Plasma} = \frac{10000 \text{ Bq}}{40 \text{ l}} = 250 \text{ Bq/l}$$

2.1 Störungen des Wasserhaushalts – Dehydratationen/Hyperhydratationen

Für das Verständnis dieses Kapitels ist es wichtig, dass dir die Begriffe isoton, hypoton und hyperton klar sind (s. 1.4, S. 2) und du beachtest, in welche Richtung die osmotisch wirksamen Teilchen das Wasser ziehen.

Merke!
- Hyperhydratation = zu viel Wasser im Körper
- Dehydratation = zu wenig Wasser im Körper
- Die Begriffe iso-, hyper- und hypoton beschreiben den osmotischen Druck im Extrazellulärraum.

Weiter geht es mit den einzelnen Störungen:

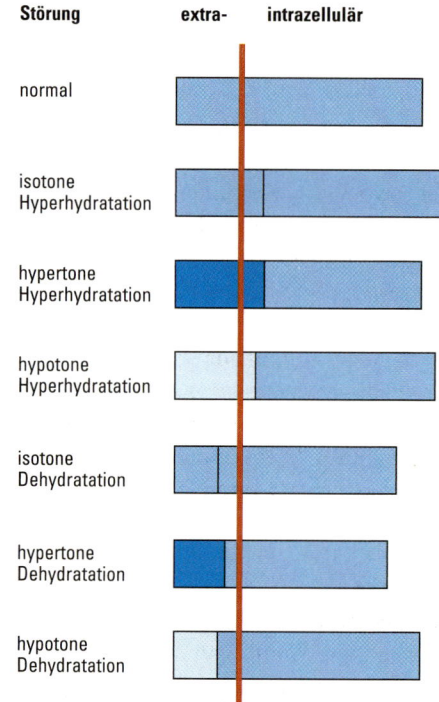

Die Helligkeit gibt die Osmolarität an, die Länge des Balkens zeigt das Maß der Flüssigkeitsverschiebung zwischen Intra- und Extrazellulärraum.

Abb. 9: Störungen des Wasserhaushalts führen zu Flüssigkeitsverschiebungen zwischen Intra- und Extrazellulärraum

medi-learn.de/6-physio1-9

2.1.1 Hypotone Dehydratation

Ein Beispiel für eine **hypotone Dehydratation** ist der Hochofenarbeiter, der den ganzen Tag schwitzt und seinen Durst nur mit salzarmem Wasser löscht. Das Blutplasma/der Extrazellu-

2.1.2 Hypotone Hyperhydratation

lärraum verliert dadurch seine Salze und wird **hypoton,** es liegt also ein **NaCl-Mangel** vor. Dies führt zum **Wassereinstrom in die Zellen und damit zur Zellschwellung**. Als Gegenregulation kann der Körper bei intakter Zellfunktion über eine erhöhte Aktivität der K^+Cl^--Symporter die intrazelluläre Osmolarität ebenfalls vermindern und so den Wassereinstrom reduzieren um der Zellschwellung entgegen zu wirken. Insgesamt ist durch den Wasserverlust und den Wassereinstrom in die Zellen das **Extrazellulärvolumen vermindert und der Blutdruck erniedrigt.**

2.1.2 Hypotone Hyperhydratation

Kann man sich mit Wasser vergiften? Ja, man kann! Gerade niereninsuffiziente Patienten, deren Wasserausscheidung nicht mehr richtig funktioniert, können – wenn sie zu viel Wasser trinken – eine Wasserintoxikation erleiden. Da Wasser gegenüber dem Plasma hypoton ist, nennt man diese Störung hypotone Hyperhydratation. Die Folgen sind ein vergrößerter Intrazellulärraum und eine Diurese (sofern dies noch ausreichend funktioniert) mit viel hypotonem Harn.

> **Übrigens …**
> Es gab amerikanische Collegestudenten, denen Wetttrinken mit Bier zu langweilig war, sie tranken Wasser gegeneinander. Die Folge war eine Wasserintoxikation → Zellschwellung → Hirnödem. Und wenn genug Hirn zum Schwellen da ist, kann dies ernsthafte Folgen haben. Einer der Studenten verstarb leider, mit Bier (isoton) wäre das nicht passiert.

2.1.3 Hypertone Hyperhydratation

Das klassische Beispiel, das sowohl in der mündlichen als auch in der schriftlichen Prüfung sehr beliebt ist: Es handelt von einem Gestrandeten auf einer einsamen Insel, der nur Salzwasser zur Verfügung hat und irgendwann anfängt, es zu trinken. Da Meerwasser jedoch eine höhere Osmolarität hat (über 1200 mosmol/l) als die maximale Harnosmolarität (unter 1200 mosmol/l) bleiben im Körper Salze zurück, ganz unabhängig davon, wie gut die Niere arbeitet. Auf hypertone Störungen reagiert der Körper über die Osmorezeptoren im Hypothalamus mit der Ausschüttung von ADH. ADH seinerseits führt zu Durst (weiteres Meerwasser wird getrunken) und zur Antidiurese. Obwohl der Gestrandete also schon sehr viel Wasser im Körper hat (Hyperhydratation), führen die hohen Salzkonzentrationen und die damit zusammenhängenden Regulationsmechanismen des Körpers zu einer **weiteren Wasseraufnahme – ein Teufelskreis, der letztendlich zum Tod führt, das aber immerhin auf einer Südsee-Insel mit Palmen.**

Du solltest dir unbedingt merken:
Eine hypertone Hyperhydratation
– kann aus der Gabe von hypertonen Infusionen oder dem Trinken von Salzwasser resultieren,
– führt zur Abnahme des Intrazellulärraums und
– zur Zunahme des Extrazellulär- und Plasmavolumens,
– führt zu Durst und Antidiurese (weniger Urinbildung) und setzt so über Stimulierung der Osmorezeptoren = ADH-Ausschüttung einen Teufelskreis in Gang und
– bewirkt ein Absinken der Aldosteronkonzentration.

2.1.4 Isotone Dehydratation

Wann verliert man isotone Flüssigkeit? Als Beispiel sei hier der nach einem Unfall blutende Motorradfahrer genannt. Blut ist eine isotone Flüssigkeit, deren Verlust zur **Verminderung des Extrazellulärraums und darüber zur ADH-Ausschüttung** führt. Dieses Hormon bewirkt eine Flüssigkeitsretention (Zurückhalten von Flüssigkeit) und eine Erhöhung des Blutdrucks auf Werte, die das Überleben sichern.

2 Wasserhaushalt

2.1.5 Infusionen von Glucose

In letzter Zeit ist in den Examina häufiger nach Glucoseinfusionen gefragt worden. Wenn man Glucoselösungen infundiert (egal ob sie hypo- oder hyperton sind), führt dies zu einem hypotonen (hyposmolaren) Extrazellulärraum, vorausgesetzt der Patient kann einigermaßen normal Insulin produzieren. Der Grund dafür ist, dass Glucose sofort verstoffwechselt und aus dem Extrazellulärraum in die Zellen aufgenommen wird. Zurück bleibt nur das hypotone Wasser der Infusionslösung. Bei übermäßiger Glucoseinfusion kommt es daher zu einer Vergrößerung des Extra-(zu viel Infusionsflüssigkeit) und des Intrazellulärraums (Wasser strömt zum Ort höherer Konzentration in die Zellen). Die Folge ist eine **hypotone Hyperhydratation**.

2.2 Filtrationsdruck

Der effektive Filtrationsdruck gibt an, mit welcher Kraft die Flüssigkeit in den Kapillaren oder der Bowman-Kapsel abgepresst/filtriert wird. Er setzt sich aus drei Komponenten zusammen:
– dem Blutdruck, der die Flüssigkeit von innen nach außen an oder durch die Wand presst,
– dem Gewebedruck oder interstitiellen Druck, der von außen auf das Gefäß drückt und dem Blutdruck entgegen wirkt, sowie
– dem onkotischen Druck, der im Gefäß herrscht. Der onkotische Druck entsteht durch die Plasmaproteine, die die Gefäße nicht verlassen können und daher Wasser anziehen.

Jede einzelne dieser Komponenten kann gestört sein, was dann zu Ödemen führt (s. 2.3, S. 24). Mathematisch zusammengefasst wird der effektive Filtrationsdruck in der Formel:

$P_{eff} = P_{hyd} - P_{int} - P_{coll}$

P_{eff} = effektiver Filtrationsdruck (resultierender und wirksamer Druck)
P_{hyd} = hydrostatischer Druck (z. B. Blutdruck)
P_{int} = interstitieller Druck/Druck in der Bowman-Kapsel
P_{coll} = kolloidosmotischer Druck (durch Proteine, den größten Anteil daran hat Albumin)

Eine vermehrte Auswärtsfiltration wird z. B. durch eine Abnahme der Albuminkonzentration im Blut (Senkung des onkotischen Drucks) und/oder eine Vasodilatation der Arteriolen (Steigerung des hydrostastischen Drucks) bewirkt. Fazit: Eine vermehrte Auswärtsfiltration findet man bei
– erhöhtem hydrostatischen Druck,
– vermindertem interstitiellen Druck,
– vermindertem onkotischen Druck im Plasma (Hypoalbuminämie) und
– erhöhtem onkotischen Druck im Interstitium.

Entlang einer Kapillare sinkt der Filtrationsdruck immer weiter ab, da der Blutdruck/hydrostatische Druck immer geringer wird. Ist der hydrostatische Druck genauso groß wie der interstielle und der onkotische Druck zusammen, spricht man vom Filtrationsgleichgewicht.

2.3 Ödeme – Störungen des Filtrationsdrucks

Ein Ödem ist eine Flüssigkeitsansammlung dort, wo sie nicht hingehört, z. B. in Gewebsspalten, der Haut, dem Interstitium oder den Schleimhäuten. Die Flüssigkeit verlässt dabei die Gefäßbahn aus verschiedenen Gründen:
– Eine Abflussbehinderung führt zur **Erhöhung des hydrostatischen Drucks** in einer Kapillare und verhindert dadurch die Einstellung des Filtrationsgewichts. Als Beispiel solltest du dir die **Erhöhung des zentralvenösen Drucks (venöser Rückstau)** merken, wie sie bei der Rechts-Herzinsuffizienz auftreten kann. Die Folge ist eine Erhöhung des effektiven Filtrationsdrucks, wodurch Wasser ins Gewebe abgepresst wird. Derselbe Mechanismus wäre denkbar, wenn die zuführenden **Arteriolen dilatieren** und die Durchblutung größer werden würde.
– Auch eine **Senkung des onkotischen Drucks** bewirkt eine Erhöhung des effektiven Filt-

2.3 Ödeme – Störungen des Filtrationsdrucks

rationsdrucks. Diese beruht meist auf einer **Senkung der Proteinkonzentration** (Hypoproteinämie) im Blutplasma (hauptsächlich ist dabei an Albumin zu denken). Mögliche Ursachen sind eine erhöhte Proteindurchlässigkeit der Blutgefäße oder eine Hypoproteinämie (Mangel an Proteinen im Blut). Eine Hypoproteinämie kann durch Mangelernährung oder Leberinsuffizienz (z. B. bei Leberzirrhose) entstehen und führt oft zu Aszites (Bauchwasser).

- **Kapillar- oder Lymphgefäßschäden**: Ein Lymphstau durch die Verödung der ableitenden Lymphwege kann auch zu Ödemen führen. Bei Krebsoperationen ist dies ein häufiges Problem. Die ableitenden Lymphwege werden dabei zusammen mit dem Tumor entfernt, weil sie ein beliebter Metastasierungsweg sind. Ein unangenehmes Lymphödem kann die Folge sein. Das in Abb. 10, S. 25 dargestellte Lymphödem beruht dagegen auf einer Krankheit (Elephantiasis), bei der Erreger die Lymphgefäße verstopfen und so den Abfluss der Lymphe behindern.
- Im Rahmen einer allergischen Reaktion, z. B. nach einem Insektenstich, bildet sich durch Histaminausschüttung ein Ödem, das ernst zunehmende Ausmaße annehmen kann.

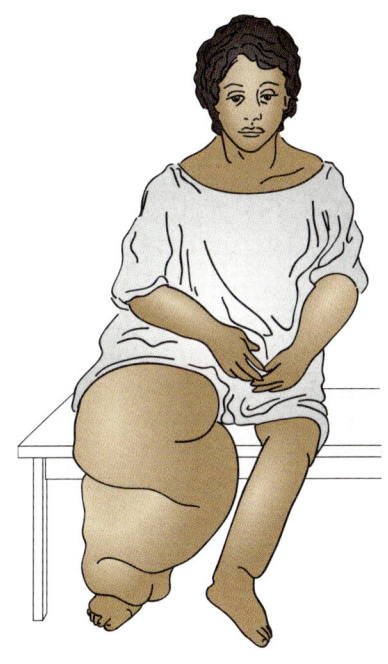

Abb. 10: Elephantiasis

medi-learn.de/6-physio1-10

Merke!

Ödeme entstehen durch
- Erhöhung des hydrostatischen Drucks in den Kapillaren (dilatierte Arteriolen),
- Abflussbehinderung durch Erhöhung des zentralvenösen Drucks,
- Senkung des onkotischen Drucks durch Hypoproteinämie oder Proteindurchlässigkeit der Kapillaren,
- Histaminausschüttung (z. B. Insektenstich) und
- Blockierung des Lymphabflusses (z. B. Elephantiasis).

Übrigens ...

Explodierende Frösche in Schweden! Diese Schlagzeile hat in einer kleinen schwedischen Zeitung für Aufsehen gesorgt. Wie können Frösche einfach so explodieren? Schuld daran waren Krähen, die den Fröschen die Leber herauspickten, woraufhin die Frösche mit Wasser voll liefen und platzten. Den Grund dafür wirst du jetzt sicher kennen: Ohne die Leber ist keine Proteinbildung möglich und ein Ödem aufgrund einer Hypoproteinämie die Folge – in diesem Fall sogar ein explosives ... Ob das wirklich die Ursache war, weiß man zwar nicht, als Eselsbrücke taugt diese Geschichte jedoch allemal.

DAS BRINGT PUNKTE

Zum Stichwort **Ödem** werden häufig einfache Fragen gestellt. Hier lohnt es sich wirklich – auch für den späteren Berufsalltag – die Pathomechanismen zu verstehen. Daneben sind auch die verschiedenen De- und Hyperhydratationsstörungen ein beliebter Prüfungskomplex.

- Ödeme entstehen bei einem Ungleichgewicht des Filtrationsdrucks und des Filtrationsgleichgewichts am Ende einer Kapillare. Dies kann durch
- Erhöhung des zentralvenösen Drucks,
- Senkung des onkotischen Drucks,
- Blockierung des Lymphabflusses,
- Histaminausschüttung oder
- Erhöhung des hydrostatischen Drucks geschehen.

Aus dem Bereich **„Wasserhaushalt"** gibt es einige wichtige Punktebringer:
- Der effektive Filtrationsdruck setzt sich aus dem hydrostatischen Druck minus dem interstitiellen und dem onkotischen Druck zusammen. Formel: $P_{eff} = P_{hyd} - P_{int} - P_{coll}$
- Die hypertone Hyperhydratation entsteht beim Trinken von Salzwasser und führt über die ADH-Ausschüttung zu Durst und Antidiurese.
- Die hypotone Dehydratation entsteht durch starkes Schwitzen und Trinken von salzarmem Wasser. Das Plasma wird hypoton, was zur Zellschwellung führt. Außerdem sind dabei das Extrazellulärvolumen und der Blutdruck vermindert.
- Wasser strebt zum Ort der höheren Konzentration. Ein hypotoner Extrazellulärraum führt zum Wassereinstrom in die Zellen und es kommt zur Zellschwellung. Ein hypertoner Extrazellulärraum führt dagegen zu Zellschrumpfung und Wasserausstrom aus den Zellen.

FÜRS MÜNDLICHE

Zu folgenden Fragen rund um den Wasserhaushalt des Menschen lohnt es sich unbedingt, einen eigenen Text vorzubereiten. Übe das flüssige Vortragen deines Wissens zu diesem Thema am besten in einer Lerngruppe oder zu Hause vor dem Spiegel ein.

1. Bitte erklären Sie, wie das Volumen der verschiedenen Körperkompartimente berechnet wird.

2. Welche Störungen des Wasserhaushalts kennen Sie?

3. Warum sollten Sie auf keinen Fall Meerwasser trinken?

4. Nennen Sie mir bitte einige Regelmechanismen des Wasserhaushalts.

5. Bitte erläutern Sie den Filtrationsdruck und aus welchen Komponenten er sich zusammensetzt.

6. Bitte erläutern Sie, was ein Filtrationsgleichgewicht ist.

7. Erklären Sie bitte, wie Ödeme entstehen. Nennen Sie mir bitte die zugrunde liegenden Pathomechanismen.

FÜRS MÜNDLICHE

1. Bitte erklären Sie, wie das Volumen der verschiedenen Körperkompartimente berechnet wird.
Mit der Indikatorverdünnungsmethode: Spezielle Substanzen verteilen sich in bestimmten Körperkompartimenten. Wenn man diese in bekannter Menge in die Blutbahn injiziert und nach einer gewissen Zeit deren Konzentration im Blutplasma bestimmt, lässt sich auf das Volumen zurückrechnen, in dem sich der Indikator verteilt haben muss (s. 2.1, S. 22).

2. Welche Störungen des Wasserhaushalts kennen Sie?
Unterschieden werden Dehydratationen und Hyperhydratation. Diese Störungen kann man noch weiter in isotone, hypertone und hypotone De-/Hyperhydratationen unterteilen (Details dazu s. 2.1, S. 22). „Sie stranden auf einer einsamen Insel ..."

3. Warum sollten Sie auf keinen Fall Meerwasser trinken?
Weil das Meerwasser eine höhere Osmolarität als die maximale Harnkonzentration hat. Das Trinken von Salzwasser setzt Regulationsmechanismen in Gang, die zu einem Teufelskreislauf führen: Durch ADH-Ausschüttung wird dabei ständig Durst erzeugt und gleichzeitig Wasser in der Niere zurückgehalten. Dies führt zur hypertonen Hyperhydratation mit vergrößertem Plasmavolumen und erhöhter Plasmaosmolarität.

4. Nennen Sie mir bitte einige Regelmechanismen des Wasserhaushalts.
– ADH führt zur Wasserretention, die Sekretionsreize für dieses Hormon sind eine erhöhte Plasmaosmolarität und ein niedriges Plasmavolumen.
– ANF als Gegenspieler des ADH führt zur Wasserausscheidung.

5. Bitte erläutern Sie den Filtrationsdruck und aus welchen Komponenten er sich zusammensetzt.
Der Filtrationsdruck gibt an, mit welcher Kraft eine Flüssigkeit aus einer Kapillare abgepresst wird. Er setzt sich zusammen aus dem hydrostatischen Druck (lokalem Blutdruck) minus dem interstitiellen Druck und dem onkotischen Druck.

6. Bitte erläutern Sie, was ein Filtrationsgleichgewicht ist.
Das Filtrationsgleichgewicht herrscht am Ende einer Kapillare, also dort, wo nichts mehr abfiltriert wird. Es stellt sich ein, wenn der hydrostatische Druck im Gefäß gleich der Summe aus interstitiellem und onkotischem Druck ist.

7. Erklären Sie bitte wie Ödeme entstehen. Nennen Sie mir bitte die zugrunde liegenden Pathomechanismen.
Ödeme entstehen durch Störungen des Filtrationsgleichgewichts. Dabei wird entweder zu viel Flüssigkeit in das Interstitium abge-

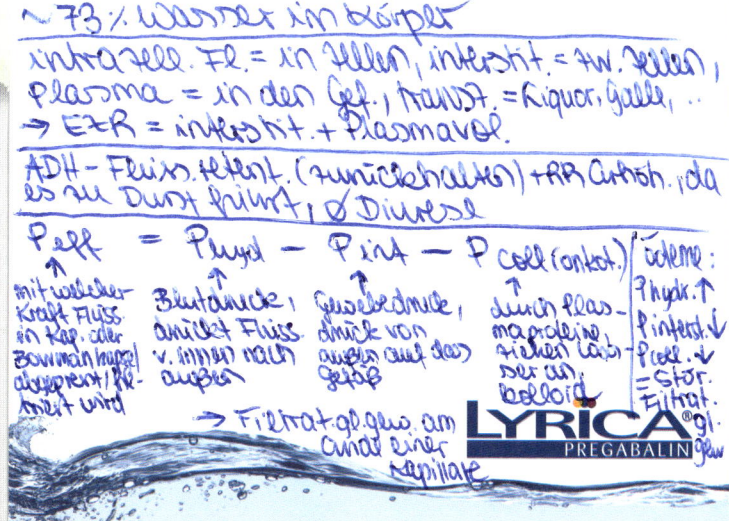

3 Niere

 Fragen in den letzten 10 Examen: 62

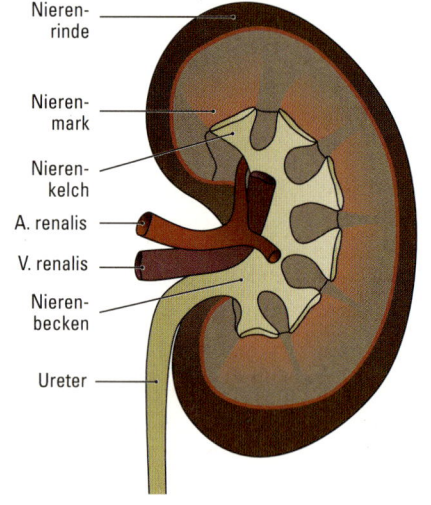

Abb. 11: Übersicht der Niere

medi-learn.de/6-physio1-11

Die Niere ist ein sehr wichtiges Organ für den menschlichen Körper, was schon das Sprichwort „Das geht mir an die Nieren." ausdrückt. Trotz der Tatsache, dass man auch mit einer der paarig angelegten Nieren zurecht kommen könnte, sind Störungen der Nierenfunktion  in vielen Fällen schwerwiegend und lebensbedrohlich. Am Anfang dieses Kapitels betrachten wir kurz die Funktionen der Niere, die für eine mündliche Prüfung immer einen dankbaren Einstieg liefern und dem Prüfer zeigen, dass man eine gewisse Übersicht hat. Weiter geht es mit der Autoregulation, und den gefürchteten Begriffen Clearance und glomeruläre Filtrationsrate (GFR), gefolgt von einem Abstecher zur Filtrationsfraktion und dem renalen Plasma- und Blutfluss.
Im anschließenden Kapitel Rückresorption lässt sich mit ein wenig Verständnis viel Lernerei einsparen und du kannst dich daher rein aufs Punkteernten konzentrieren – versprochen! Den Abschluss bilden die gern gefragten Nierenhormone, mit denen du dir auch noch den ein oder anderen einfachen Punkt sichern kannst. Mache dir bitte zunächst noch einmal kurz die Anatomie der Niere klar (s. Abb. 11, S. 28).

3.1 Funktionen der Niere

Das Prinzip der Niere besteht darin, große Mengen an Blutplasma mit den darin gelösten kleinmolekularen Substanzen zu filtrieren. Je nach Substanz und Bedarf werden diese zurück resorbiert und dem Körper wieder zur Verfügung gestellt oder ausgeschieden/eliminert. Die Niere steuert den Wasser- und Elektrolythaushalt und ist in dieser Funktion für die **Größe des Extrazellulärvolumens und die Konstanz der Ionenkonzentrationen** verantwortlich. In den **Säure-Basen-Haushalt** kann sie über die Sekretion oder Resorption von alkalischen und sauren Valenzen (Puffersubstanzen, z. B. NH_4^+) regulierend eingreifen. Eine weitere wichtige Funktion der Nieren ist die **Ausscheidung von Stoffwechselendprodukten** (z. B. Harnstoff, Harnsäure, Kreatinin) und giftigen Substanzen (z. B. Medikamente oder deren Metaboliten). Über den **Renin-Angiotensin-Aldosteron-Regelmechanismus** kontrolliert die Niere den **Blutdruck**. Daneben nimmt sie auch am Intermediärstoffwechsel teil: Die Niere besitzt zahlreiche Enzyme, mit denen sie z. B. Gluconeogenese und Transaminierungen durchführt.
Zu guter Letzt **produziert sie auch noch Hormone** für die Blutbildung (Erythropoetin) und den Calciumstoffwechsel (Calcitriol).

3.2 Autoregulation der Durchblutung

Für eine konstante Filtrationsleistung ist es wichtig, in den Glomerulumschlingen immer den gleichen Blutdruck zu haben. Damit die Niere unabhängig von den Blutdruckschwankungen des Körperkreislaufs ist, reguliert sie ihre Blutzufuhr größtenteils selbst, was man als Autoregulation bezeichnet. Im Bereich des normalen Blutdrucks (80–160 mmHg) schafft es die Niere, einen fast konstanten Filtrationsdruck im Glomerulum aufrecht zu erhalten. Diesen Effekt nennt man **Baylisseffekt**. Durch den Baylisseffekt ist die glomeruläre Filtrationsrate (GFR) fast unabhängig vom Blutdruck. Wie funktioniert das? Eine Erhöhung des systemischen Blutdrucks führt zu einer Erhöhung des renalen Gefäßwiderstands (s. Abb. 12, S. 29). Genauer gesagt: Durch die druckbedingte Kontraktion der präglomerulären Gefäße drosselt die Niere die Blutzufuhr und filtriert – trotz des höheren Drucks – weiterhin dasselbe Volumen. Sollte es zu einem Blutdruckabfall kommen, führt dies dann im Gegensatz dazu, dass die afferenten Arteriolen dilatieren und mehr Blutfluss zulassen (sogenannte Myogene Reaktion).

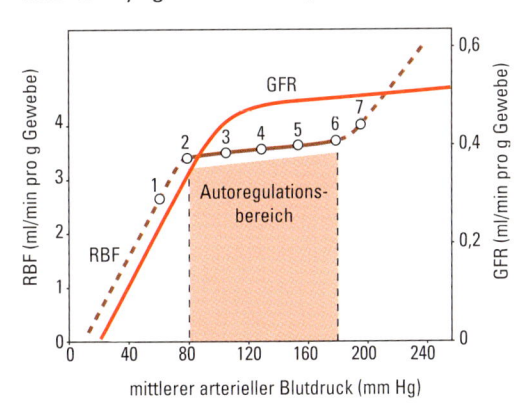

Abb. 12: Autoregulation – Im Bereich von 80–160 mmHg bleibt die GFR fast konstant

medi-learn.de/6-physio1-12

Leider funktioniert dieses Prinzip der Autoregulation im Nierenmark nicht so gut. Daher bewirkt dort ein stark erhöhter Blutdruck eine Druckdiurese. Durch die vermehrte Nierenmarkdurchblutung verliert die Niere außerdem die Fähigkeit, den Harn stark zu konzentrieren.

3.3 Clearance

Die Clearance ist das Volumen des Blutplasmas, das in einer bestimmten Zeit von einem bestimmten Stoff gereinigt wird. Sie enthält drei Variablen:
- den Stoff,
- die Zeit und
- das Volumen.

> **Merke!**
>
> Die Clearance gilt immer nur für einen Stoff (Kaliumclearance, Inulinclearance…) und hat die Einheit ml/min. Sie kann mit folgender Formel berechnet werden:
>
> Clearance (ml/min)
> $$= \frac{\text{Stoffkonzentration}_{Urin}}{\text{Stoffkonzentration}_{Plasma}} \cdot \text{Urinstromstärke } \dot{V}$$

Die Clearance bestimmter Stoffe kann ein sensibler Indikator für Störungen der Nierenfunktion sein und gibt Auskunft darüber, ob die Niere noch richtig filtriert und funktioniert. Die Clearance kann größer, kleiner oder gleich der glomerulären Filtrationsrate sein, je nachdem, ob ein Stoff sezerniert, resorbiert oder ohne Modifikation ausgeschieden wird. Einige Stoffe werden allein durch Filtration ausgeschieden. Sie überwinden ohne Hindernis den Bowmanfilter und werden im Tubulusverlauf weder sezerniert noch resorbiert. Das heißt, die filtrierte Menge entspricht auch der ausgeschiedenen Menge im Urin. Inulin und näherungsweise auch der körpereigene Stoff Kreatinin sind Beispiele solcher Substanzen, an denen sich die **glomeruläre Filtrationsrate (GFR)** direkt ablesen und somit die Nierenfunktion bestimmen lässt.

Daher gilt für Inulin + Kreatinin:
- filtrierte Menge pro Zeit = ausgeschiedene Menge pro Zeit und
- GFR = Clearance von Inulin/Kreatinin = ungefähr 125 ml/min.

An der Clearance lässt sich ablesen, was mit einem Stoff in der Niere passiert: Wichtige Stoffe (z. B. Glucose als Energieträger und Aminosäuren als Bausteine für den Körper) werden stark rückresorbiert, d. h. ihre Clearance ist sehr klein (bei Glucose normalerweise gleich null). Dies bedeutet, dass ein Großteil dieser Stoffe – nachdem sie durch den Bowmanfilter filtriert wurden – per Resorption wieder zurück ins Blutplasma gelangt. Da folglich in der Nierenvene fast nichts von diesen Stoffen fehlt, ist das Volumen des Blutplasmas, das von diesen Stoffen gereinigt wurde, sehr klein. Giftige Substanzen oder Stoffwechselendprodukte sollen ausgeschieden werden, d. h. ihre Clearance sollte sehr groß sein. Sie werden größtenteils aus dem Blutplasma entfernt, indem sie – zusätzlich zur Filtration – auch noch in den Nierentubulus sezerniert werden. Daher tauchen sie in der Nierenvene fast gar nicht mehr auf und ihre Clearance ist größer als die glomeruläre Filtrationsrate. Damit man den Körper nicht immer vergiften muss, um die Sekretionsleistung (große Clearance) zu messen, gibt es zum Glück den ungiftigen exogenen (von außen zugeführten) Stoff PAH (Paraaminohippurat).

> **Übrigens ...**
> Auch viele Medikamente haben eine große Clearance und werden zum großen Teil über die Niere ausgeschieden. Beispiele sind das Antibiotikum Penicillin G und das Herzglykosid Digoxin. Bei Nierenkranken bleiben deshalb manche Medikamente länger im Körper und wirken länger, weil sie nicht eliminiert werden.

Merken solltest du dir das Clearanceverhalten unter Normalbedingungen folgender Stoffe:
- Inulin hat eine Clearance von 125 ml/min, was auch gleichzeitig der GFR einspricht.
- Die Glucoseclearance beträgt normalerweise 0 ml/min, was bedeutet, dass Glucose fast vollständig rückresorbiert und beim Gesunden nicht ausgeschieden wird.
- Genauso verhält es sich mit Aminosäuren, auch hier beträgt die Clearance unter Normalbedingungen 0 ml/min.
- Harnstoff – ein Stoffwechselendprodukt aus dem Stickstoffstoffwechsel – hat eine Clearance von 75 ml/min. Dieser Clearancewert ist kleiner als die 125 ml/min von Inulin. Das lässt darauf schließen, dass in der Endabrechnung netto rückresorbiert wird. Das Verhalten von Harnstoff in der Niere ist ein zweischneidiges Schwert: Auf der einen Seite möchte der Körper das Stoffwechselendprodukt über die Niere eliminieren, auf der anderen Seite wird Harnstoff für die Aufrechterhaltung des osmotischen Gradienten im Nierenmark (s. 3.8.4, S. 46) gebraucht. Deshalb ist die Clearance kleiner als die von Inulin, aber immer noch groß genug, um genügend Harnstoff aus dem Körper zu eliminieren.
- PAH (Paraaminohippurat) wird zusätzlich zur freien Filtration noch im Tubulusverlauf sezerniert und hat deshalb mit 650 ml/min eine größere Clearance als Inulin. Da alles PAH, das mit dem Blutplasma durch die Arteria renalis in die Niere fließt, entweder direkt filtriert oder im weiteren Verlauf in den Tubulus sezerniert wird, ist die PAH-Clearance ein Maß für den renalen Plasmafluss. Im Blutplasma der Nierenvenen sollte kein PAH mehr enthalten sein.

Die glomeruläre Filtrationsrate (GFR) gibt an, wie viel Volumen pro Zeit durch die Nieren filtriert wird, das Harnzeitvolumen gibt an, was unten herauskommt.

Häufig wird die Clearance anhand von Ausscheidungs- bzw. Resorptionskurven abgefragt. Bitte versuche, bei solchen Aufgaben logisch nachzuvollziehen, warum welcher Kurvenverlauf zustande kommt:

Die **Inulinausscheidung** verläuft linear, da dieser Stoff weder sezerniert noch resorbiert wird. Alles, was filtriert wird, verlässt auch den Körper. **Verdoppelt sich die Plasmakonzentration, verdoppelt sich daher auch die Ausscheidung.**

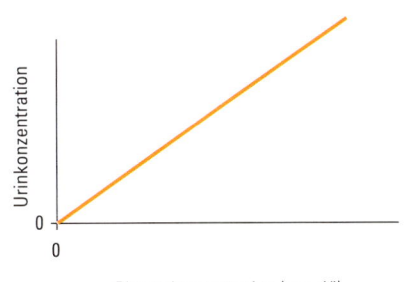

Abb. 13: Clearance von Inulin

medi-learn.de/6-physio1-13

- **PAH** (s. a. Abb. 17, S. 33) wird im Tubulussystem sezerniert. Sollte dieses Transportsystem maximal ausgelastet sein (bei Sättigung der Transporter, s. Kurvenknick), kann die Sekretion nicht mehr gesteigert werden. Dennoch kann – bei höheren Plasmakonzentrationen des Stoffes – die Filtrationsmenge weiter linear ansteigen (Steigung der Kurve nach dem Knick).
- **Glucose** (s. Abb. 15, S. 31) ist das beliebteste Beispiel für einen filtrierten Stoff, der unter Normalbedingungen vollständig rückresorbiert wird. Ihre Clearance unter Normalbedingung ist daher gleich null. Der Schwellenwert beträgt 10 mmol/l = 180 mg/dl.

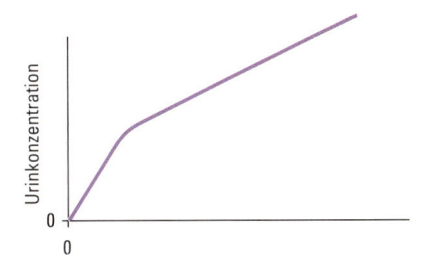

Abb. 14: Clearance von PAH

medi-learn.de/6-physio1-14

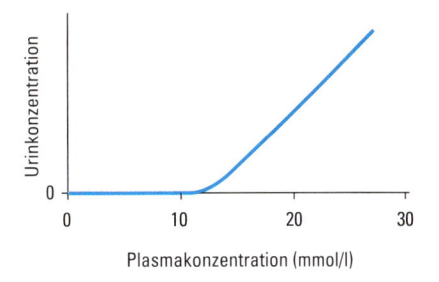

Abb. 15: Clearance von Glucose

medi-learn.de/6-physio1-15

Eine Erhöhung der Plasmakonzentration von Glucose führt zu einer erhöhten Filtrationsmenge. Dies bewirkt solange eine Steigerung der Rückresorption, bis die Transporter gesättigt sind und Glucose mit dem Harn ausgeschieden wird. Achte daher bitte im Examen darauf, ob nach der Ausscheidung oder der Resorption von Glucose gefragt wird.

Zum Inulin ist folgendes wissenswert:
- Inulin wird frei filtriert, nicht resorbiert, nicht sezerniert.
- filtrierte Menge = ausgeschiedene Menge
- dient zur Bestimmung der GFR

Zum PAH solltest du dir merken:
- PAH wird frei filtriert, nicht resorbiert, fast vollständig sezerniert.
- dient zur Bestimmung des renalen Plasmaflusses und indirekt auch zur Bestimmung des renalen Blutflusses (s. 3.4, S. 33)
- Die Clearance von PAH kann maximal so hoch sein wie der renale Plasmafluss.

Zur Glucose solltest du dir besonders merken:
- Glucose wird unter normalen Bedingungen (bis zum Schwellenwert) frei filtriert, fast komplett resorbiert, nicht sezerniert.
- Bei normalen Glucose-Plasmakonzentrationen ist die Glucoseclearance gleich 0 ml/min.

3.3.1 Kreatininclearance

Der endogene Stoff Kreatinin aus dem Muskelstoffwechsel hat dem Inulin sehr ähnliche Eigenschaften, wird allerdings minimal sezerniert. Der

Kreatininspiegel im Blut hängt daher von zwei Dingen ab, erstens vom Muskelstoffwechsel und zweitens von der Nierenfunktion. Für den normalen Klinikalltag wird Kreatinin dennoch zur Einschätzung der Nierenfunktion verwendet und gehört zur Routinelabordiagnostik.

Übrigens ...
Der in der Klinik gebräuchliche Ausdruck „blinder Bereich des Kreatinins" bedeutet, dass der Untersucher eine Lücke im Laborbefund hat (s. Abb. 16, S. 32): Die GFR ist schon abgesunken, das Kreatinin ist jedoch noch normwertig.

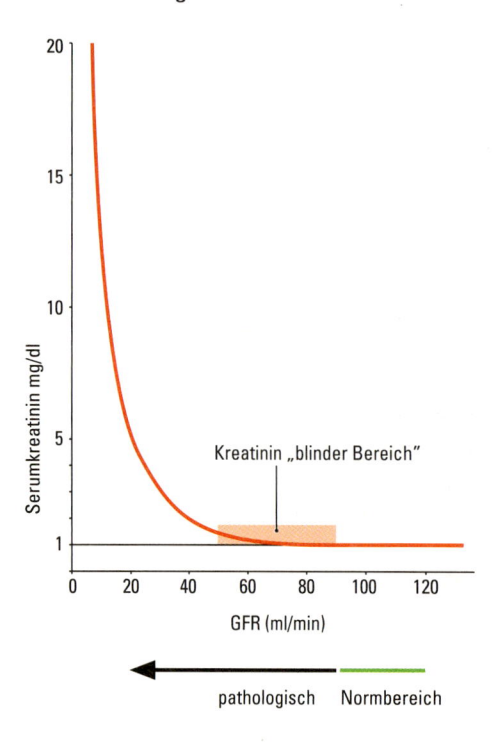

Abb. 16: Kreatinin blinder Bereich

medi-learn.de/6-physio1-16

Fällt die glomeruläre Filtrationsrate ab, steigt das Kreatinin im Serum an, da die Ausscheidung dieses Stoffes ja fast ausschließlich über die filtrierte Menge erfolgt. Sinkt die GFR jedoch nur ein wenig ab, kann die Serumkonzentration des Kreatinins noch normal sein (im oberen Normbereich). Diesen Abschnitt der Kurve nennt man den diagnostisch blinden Bereich. Erst bei stärkerer Einschränkung der GFR zeigt sich eine Korrelation zwischen der Kreatinin-Konzentration im Serum und der GFR (exponentieller Anstieg): Bei Abfall der GFR um 1/3 steigt die Kreatininkonzentration im Plasma um 50 % an.

Ein kleiner Tipp fürs spätere Berufsleben: Wage es niemals, ein CT mit Kontrastmittel anzumelden, ohne den Kreatininspiegel zu wissen, oder noch schlimmer: ohne ihn bestimmt zu haben. Radiologen werden nämlich (völlig zurecht) fürchterlich nervös, wenn sie nicht über die Nierenfunktion des Patienten Bescheid wissen.

3.3.2 Freiwasserclearance

Die Freiwasserclearance ist als die Menge an Wasser definiert, die rechnerisch von der Niere dem Urin entzogen oder ihm zugefügt werden müsste um einen plasmaisotonen Urin zu produzieren. Sie ist bei hypotonem Harn positiv (der Urin ist mit freiem Wasser verdünnt), bei hypertonem Harn negativ (dem Urin fehlt freies Wasser, deswegen ist er hoch konzentriert). Steigt die Plasmakonzentration einer nierenpflichtigen Substanz an, weil diese nicht mehr über die beschädigte Niere ausgeschieden werden kann, dann fällt die Clearance für diesen Stoff stark ab.

3.3.3 Clearancequotient

Der Clearancequotient gibt an, wie sich die Clearance einer Substanz zur Clearance von Inulin verhält. Aus dem Quotienten lässt sich das Verhalten des Stoffes in der Niere ablesen:

– **Clearancequotient = 0** bedeutet, dass die Substanz entweder gar nicht filtriert wird oder vollständig aus dem Primärharn resorbiert wird.
Beispiele: große Proteine, **Glucose**
– **Clearancequotient < 1** bedeutet, dass die Substanz netto resorbiert wird.
Beispiel: **Natrium**

- **Clearancequotient = 1** bedeutet, dass die Substanz **netto** weder resorbiert noch sezerniert wird und genauso viel ausgeschieden wird, wie filtriert wurde.
  Beispiele: **Inulin, Kreatinin**
- **Clearancequotient > 1** bedeutet, dass die Substanz zusätzlich noch sezerniert wird.

Von ihr wird also mehr ausgeschieden als durch den Bowmanfilter abgepresst wurde. Ein Beispiel ist PAH, das vollständig aus dem Plasma, das durch die Niere fließt, entfernt wird. An der **Clearance von PAH lässt sich daher der renale Plasmafluss ablesen**.

3.4 Glomeruläre Filtrationsrate – GFR

Die GFR lässt sich aufgrund der Eigenschaften von Inulin und Kreatinin aus deren Clearance ermitteln (s. 3.3, S. 29).

Zur Berechnung der Inulin- und Kreatininclearance/GFR benötigt man:
- die Inulinkonzentration im Blut,
- die Inulinkonzentration im Urin und
- das Urinzeitvolumen.

> **Merke!**
>
> Die Glomeruläre Filtrationsrate (GFR) entspricht dem gesamten Flüssigkeitsvolumen, das pro Minute durch die Bowmanfilter der Glomeruli beider Nieren filtriert wird. Im Normalfall sind das ca. 120 ml/min, was ungefähr 180 Liter pro Tag ergibt.

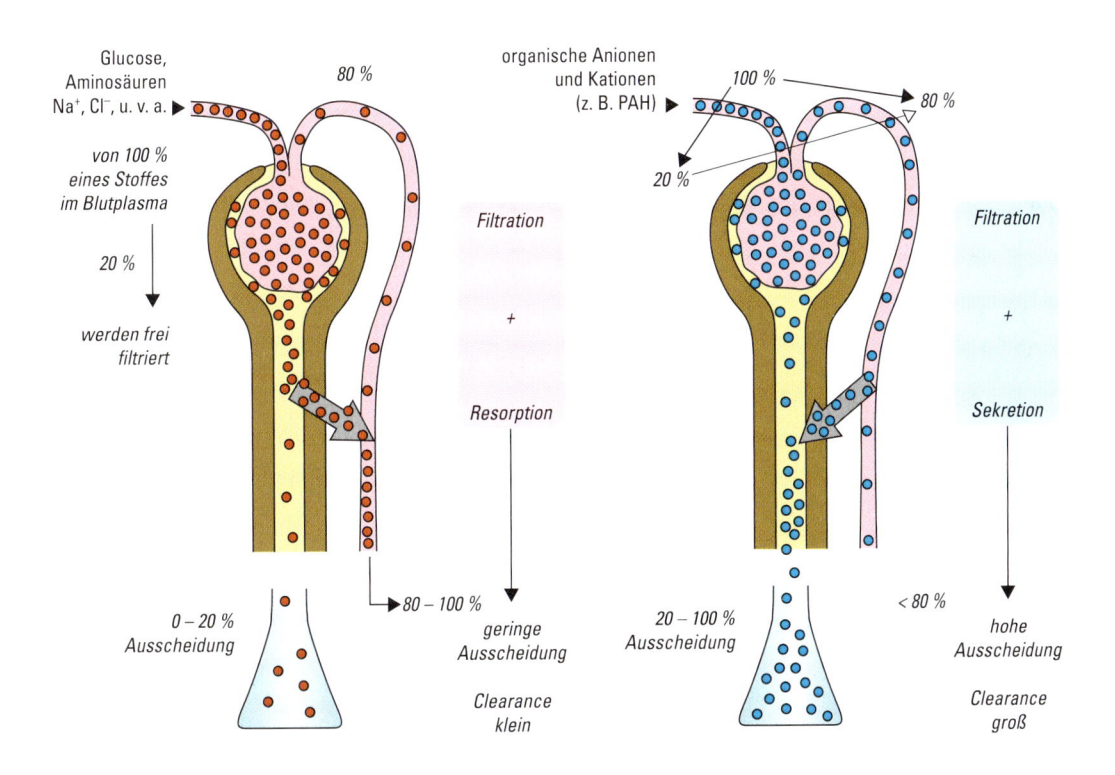

Abb. 17: Die Clearance wird bestimmt durch Sekretion und Rückresorption

medi-learn.de/6-physio1-17

3 Niere

Rechenbeispiel:
Die glomeruläre Filtrationsrate eines Probanden betrage 100 ml/min, die Plasmakonzentration von Inulin 0,1 g/l und die Urinkonzentration von Inulin 2 g/l. Wie groß ist das Harnzeitvolumen in ml/min?

$$GFR = \frac{\dot{V}_u \cdot U_{Inulin}}{P_{Inulin}}$$

$\dot{V}_u$ = Urinzeitvolumen
U_{Inulin} = Inulinkonzentration im Urin
P_{Inulin} = Inulinkonzentration im Plasma

Umstellen der Formel:
$$\dot{V}_u = \frac{GFR \cdot P_{Inulin}}{U_{Inulin}}$$

Einsetzen der Werte:
$$\frac{100 \text{ ml/min} \cdot 0,1 \text{ g/l}}{2 \text{ g/l}} = 5 \text{ ml/min}$$

Solche Rechnungen kommen im schriftlichen Examen relativ häufig vor. Wenn du die Grundformel kennst, musst du nur noch nach der gefragten Variablen auflösen und die Zahlenwerte einsetzen. Das klingt übrigens nicht nur einfach, sondern ist es auch!

Übrigens ...
Ist die Plasmakreatininkonzentration um das fünffache der Norm erhöht, so ist die GFR vermindert und Kreatinin sammelt sich im Blut an, da es nicht mehr richtig ausgeschieden werden kann (Indikator für eine Niereninsuffizienz).

3.5 Renaler Plasmafluss – RPF

Der renale Plasmafluss gibt an, wie viel Blutplasma pro Minute durch die Niere fließt. Bestimmt wird der renale Plasmafluss durch die PAH-Clearance (s. 3.3, S. 29). Da das ganze PAH, das mit dem Blutplasma durch die Niere fließt, fast vollständig sezerniert wird, kann man daraus – wenn die **Konzentration von PAH im Plasma, im Urin und das Urinzeit-**

$\dot{V}_u$ = Urinzeitvolumen
U_{In} = Inulinkonzentration im Urin
P_{In} = Inulinkonzentration im Plasma

Inulin ▶

Ausgeschiedene Menge/Zeit = Konzentration im Urin · Urinvolumen/Zeit

Filtrierte Menge/Zeit = Konzentration im Plasma · filtriertes Volumen/Zeit

H₂O

Inulinkonzentration im Urin steigt, weil H₂O resorbiert wird

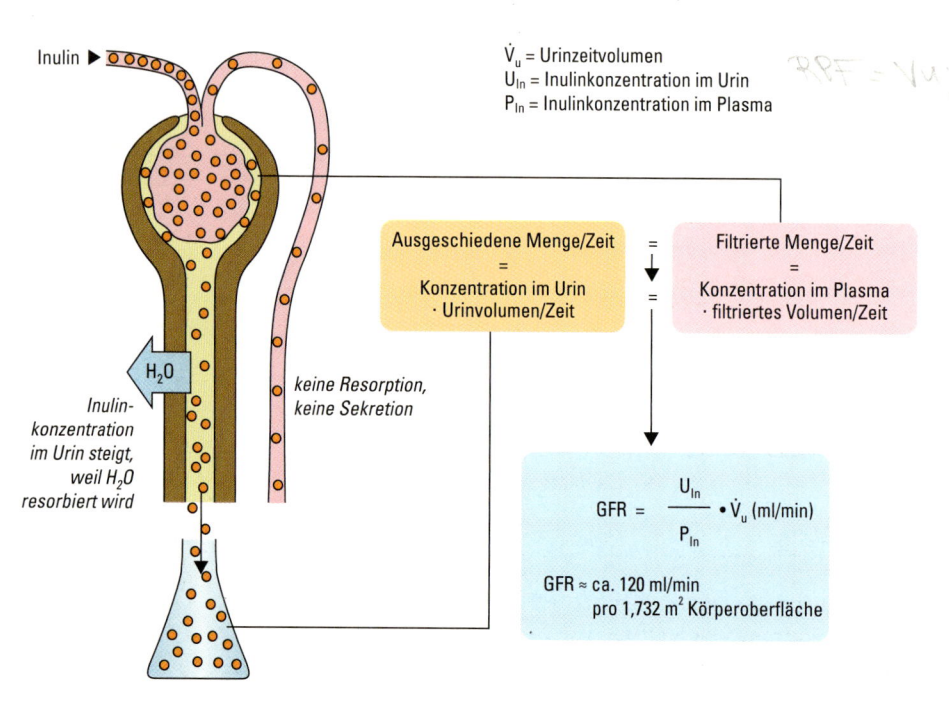

keine Resorption, keine Sekretion

$$GFR = \frac{U_{In}}{P_{In}} \cdot \dot{V}_u \text{ (ml/min)}$$

GFR ≈ ca. 120 ml/min pro 1,732 m² Körperoberfläche

Abb. 18: Aus der Inulin-Clearance lässt sich die GFR berechnen

volumen bekannt sind – den renalen Plasmafluss berechnen. Normal sind 600–650 ml/min.

3.6 Renaler Blutfluss – RBF

Die Niere ist das Organ mit **der höchsten Ruhedurchblutung** (bezogen auf ein Gramm Organgewebe). Ungefähr 20 % des Herzzeitvolumens fließen in Ruhe direkt durch die Niere, was ungefähr **einem Liter Blut** entspricht. Da die Niere dieses Blut nicht zur Eigenversorgung mit Sauerstoff braucht, ist der Sauerstoffgehalt in der Nierenvene – verglichen mit dem anderer Organe des Körpers – mit am höchsten. Den renalen Blutfluss berechnet man aus dem renalen Plasmafluss und dem Hämatokrit:

$$RBF = \frac{RPF}{(1 - Hkt)}$$

RBF = renaler Blutfluss
RPF = renaler Plasmafluss
Hkt = Hämatokrit

Der Term (1 – Hkt) ist der Anteil des Blutplasmas am Blutvolumen, da hierdurch die festen Blutbestandteile heraus subtrahiert werden.

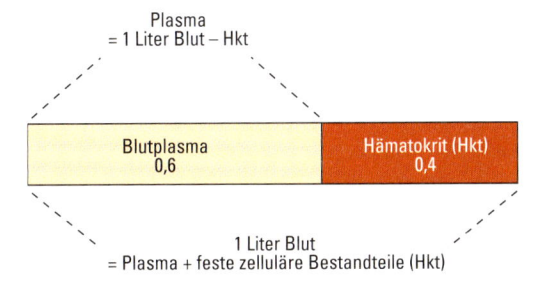

Abb. 19: Was bedeutet (1-Hkt)?

medi-learn.de/6-physio1-19

Merke!

Zur Berechnung des renalen Blutflusses (RBF) braucht man den Hämatokrit (Hkt) und den renalen Plasmafluss (PAH-Clearance).

3.7 Filtrationsfraktion – FF

Die Filtrationsfraktion ist der Teil des renalen Plasmaflusses, der filtriert wird. Erstaunlich, aber wahr ist, dass nur 20 % des Blutplasmas, das durch die Niere fließt, überhaupt durch das Tubulussystem geleitet und damit filtriert wird! Folglich können auch nur aus diesem Anteil Kreatinin und Inulin komplett entfernt werden. 80 % des Kreatinins verlassen daher wieder die Niere über die Nierenvene und nur 20 % treten den Weg in Richtung Blase an.

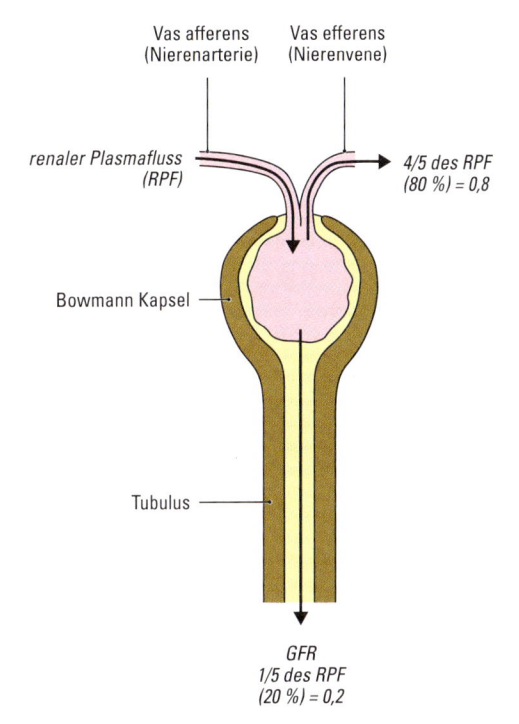

Abb. 20: Filtrationsfraktion

medi-learn.de/6-physio1-20

Oder anders formuliert:
Die Plasmakonzentration von Kreatinin in der Nierenvene ist um ca. 20 % geringer als in der Nierenarterie.

Zum Thema Filtrationsfraktion solltest du dir unbedingt folgendes merken:
– Normalwert der Filtrationsfraktion = 20 % = 0,2

3 Niere

- Zur Berechnung der Filtrationsfraktion braucht man die Plasma- und Urinkonzentration von Kreatinin/Inulin sowie die des PAH. Also alle Komponenten, aus denen sich die GFR und der RPF berechnen:

$$FF = \frac{GFR}{RPF}$$

- Die Plasmakonzentration von Kreatinin in der Nierenvene ist um ca. 20 % geringer als in der Nierenarterie.

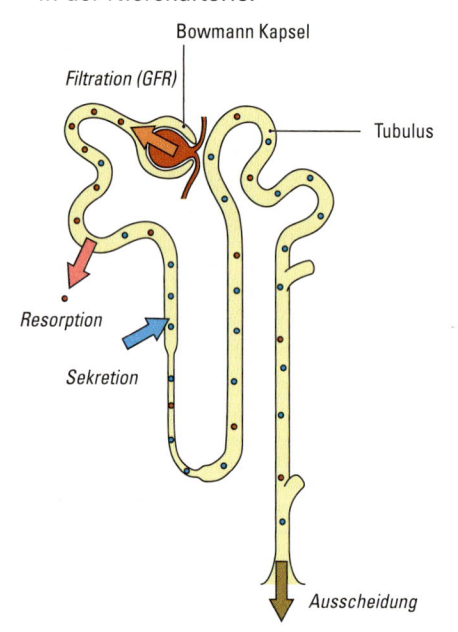

Abb. 21: Fraktionelle Ausscheidung

medi-learn.de/6-physio1-21

3.7.1 Fraktionelle Ausscheidung

Als fraktionelle Ausscheidung eines Stoffes bezeichnet man den Anteil, der in der Niere **filtriert UND ausgeschieden** wird. An der fraktionellen Ausscheidung lässt sich das Verhalten der verschiedenen Stoffe in der Niere ablesen. Für Kreatinin und Inulin beispielsweise beträgt die fraktionelle Ausscheidung ungefähr eins, weil alles, was filtriert wird, auch tatsächlich ausgeschieden wird. Für Glucose ist die fraktionelle Ausscheidung (hoffentlich) null, was bedeutet, dass die filtrierte Glucose komplett rückresorbiert und nichts davon ausgeschieden wird. In den folgenden Abschnitten werden die fraktionellen Ausscheidungen derjenigen Substanzen besprochen, die schon im schriftlichen Examen gefragt wurden.

Fraktionelle Wasserausscheidung

Die fraktionelle Wasserausscheidung ist sehr gering. Der größte Teil des filtrierten Wassers wird rückresorbiert (99 %) und nur 1 % wird tatsächlich ausgeschieden. Das entspricht einer Wasserausscheidung von 1,5–2 Litern der 180 filtrierten Liter Flüssigkeit pro Tag.

Fraktionelle Calciumausscheidung

Der Calciumhaushalt wird hauptsächlich über die Calciumaufnahme im Darm reguliert. Wichtigstes Hormon hierfür ist das **Calcitriol**. Daneben steuert aber auch die Niere mit ihrer Calciumausscheidung den Calciumhaushalt. Steuerhormon hierfür ist das **Parathormon**. Ein bestimmter Anteil des Plasmacalciums gelangt mit dem Primärfiltrat ins Tubulussystem. Je nachdem, wie viel die Niere rückresorbiert, kann die Niere so Calcium sparen oder eliminieren (ausscheiden). Je mehr die Niere ausscheidet, desto höher ist die fraktionelle Calciumausscheidung.

> **Merke!**
>
> Die fraktionelle Ausscheidung von Calcium steigt bei der Gabe von Schleifendiuretika und sinkt bei erhöhtem Parathormonspiegel.
> Parathormon stellt Calcium parat und fördert deshalb dessen Rückresorption.

Gleichzeitig führt das Parathormon dazu, dass mehr Phosphat ausgeschieden wird und damit dessen fraktionelle Ausscheidung steigt. Der gleichzeitige Anstieg der Phosphatausscheidung ist auch sinnvoll, da Phosphat im Körper mit dem Calcium Komplexe bildet. Ist also weniger Phosphat im Körper vorhanden, steht dem Körper mehr freies und aktives Calcium zur Verfügung.

DAS BRINGT PUNKTE

Folgendes zum Thema „**Niere**" solltest du dir merken, um weitere Punkte auf dem Physikumskonto zu verbuchen:
- In Ruhe hat die Niere die höchste Organdurchblutung (ungefähr 20 %) des Herzzeitvolumens.
- Der Baylisseffekt besagt, dass die GFR durch die Autoregulation der Niere im Bereich von 80–180 mmHg vom Blutdruck fast unabhängig ist.
- Im Nierenmark funktioniert die Autoregulation schlechter. Daher kommt es bei erhöhtem Blutdruck zur Druckdiurese.

Zum Thema **Clearance** sind folgende Fakten absolut prüfungsrelevant:
- Die Clearance ist das Blutplasmavolumen, das in einer bestimmten Zeit von einem bestimmten Stoff befreit wird.
- Die GFR ist das Volumen, das pro Minute filtriert wird, und kann über die Inulinclearance berechnet werden (normal = 120 ml/min).
- Die Formel für die GFR-Berechnung lautet:
$$GFR = \frac{\dot{V}_u \cdot U_{Inulin}}{P_{Inulin}}$$
- Inulin wird frei filtriert, NICHT resorbiert und NICHT sezerniert.

Hier sind noch einmal die oft gefragten Fakten zu den Abschnitten „**Renaler Plasmafluss**", „**Renaler Blutfluss**", und „**Filtrationsfunktion**" aufgeführt.
- Kreatinin hat fast dieselben Eigenschaften wie Inulin.
- Glucose wird frei filtriert, fast komplett resorbiert und unter normalen Bedingungen NICHT sezerniert.
- PAH wird frei filtriert, NICHT resorbiert und komplett sezerniert.
- Der renale Plasmafluss beträgt normalerweise 600 ml/min und kann mit der PAH-Clearance berechnet werden.
- Der renale Blutfluss (ungefähr ein Liter) berechnet sich so:
$$RBF = \frac{RPF}{(1 - Hkt)}$$
- Die normale Filtrationsfraktion beträgt ein Fünftel (20 %)
- Die fraktionelle Ausscheidung von Calcium und Magnesium steigt bei Gabe von Schleifendiuretika.

FÜRS MÜNDLICHE

Fragen zu den Funktionen der Niere stellen einen beliebten Einstieg in die mündliche Prüfung dar. Hier ein paar gute Beispiele, worum es also vielleicht gleich zu Beginn gehen könnte und worüber du dann sicher eine Menge zu erzählen hättest.

1. **Erläutern Sie bitte, was die Clearance ist.**
2. **Bitte erklären Sie mir, welche Bedeutung Kreatinin im Zusammenhang mit der Nierenfunktion hat.**
3. **Bitte erklären Sie, wie die glomeruläre Filtrationsrate bestimmt wird.**
4. **Erläutern Sie, was Glucose im Urin bedeutet.**
5. **Erklären Sie bitte, was die Filtrationsfraktion ist.**
6. **Was ist die Autoregulation der Nierendurchblutung?**

FÜRS MÜNDLICHE

1. Erläutern Sie bitte, was die Clearance ist.
Die Clearance hat die Einheit Volumen pro Zeit (ml/min); sie gibt an, welche Menge Blutplasma in einer bestimmten Zeit von dem jeweiligen Stoff gereinigt wird. Die Clearance von bestimmten Stoffen dient zur Bestimmung der Nierenfunktion. So ist die Inulinclearance ein direktes Maß für die glomeruläre Filtrationsrate und die PAH-Clearance ein Maß für den renalen Plasmafluss. Die Clearance von Inulin beträgt ungefähr 120 ml/min und die Clearance von PAH 600 ml/min.

2. Bitte erklären Sie mir, welche Bedeutung Kreatinin im Zusammenhang mit der Nierenfunktion hat.
Kreatinin ist ein Stoff aus dem Muskelstoffwechsel und hat sehr ähnliche Eigenschaften wie das Inulin. Da es im Körper produziert wird, muss es nicht wie das Inulin dem Körper gespritzt werden und ermöglicht so eine Abschätzung der Nierenfunktion (der glomerulären Filtrationsrate) in der Klinikroutine.

3. Bitte erklären Sie, wie die glomeruläre Filtrationsrate bestimmt wird.
Mit der Inulin-Clearance. Inulin wird frei filtriert, nicht resorbiert und nicht sezerniert, sodass alles an Inulin, was durch den Bowmanfilter filtriert wird, auch ausgeschieden wird. Das kann man im Urin messen und zurückrechnen auf die glomeruläre Filtrationsrate. Zur Berechnung benötigt man: Harnzeitvolumen, Urin- und Plasmakonzentration von Inulin. Normal sind 120 ml/min.

4. Erläutern Sie, was Glucose im Urin bedeutet.
Glucose im Urin heißt im Fachterminus Glucosurie und ist immer pathologisch. Glucosurie besteht dann, wenn die Plasmakonzentration von Glucose die Nierenschwelle überschreitet, d. h. die Rückresorptionsmechanismen sind gesättigt und überfordert. Sie liegt bei 10 mmol/l oder 180 mg/dl Glucose im Blutplasma. Nachweisen kann man Glucosurie z. B. durch Teststreifen. Ein häufiger Grund: Diabetes mellitus.

5. Erklären Sie bitte, was die Filtrationsfraktion ist.
Die Filtrationsfraktion ist der Teil des renalen Blutplasmaflusses, der filtriert wird (GFR). Ungefähr ein Fünftel oder 0,2 oder 20 %.

6. Was ist die Autoregulation der Nierendurchblutung?
Die Autoregulation der Nierendurchblutung soll eine gleichbleibende, vom arteriellen Druck unabhängige Filtrationsleistung sicherstellen. Steigt der Blutdruck, kommt es zu einer Konstriktion des Vas afferens (druckbedingte Kontraktion der glatten Muskelzellen in den Gefäßwänden: Bayliss-Effekt). Ist der Blutdruck zu gering für eine ausreichende Filtrationsleistung, kontrahiert sich das Vas efferens: das Blut staut sich ins Glomerulum zurück (Folge dort: höherer Filtrationsdruck). Zusätzlich dilatieren die zuführenden Gefäße (Vas afferens). Im Bereich von 80 – 160 mmHg ist die Filtrationsleistung der Niere also unabhängig vom Blutdruck.

Pause

Lehn' dich zurück und mach doch einfach mal kurz Pause ...

3.8 Verschiedene Stoffe und ihr Verhalten in der Niere

Im folgenden Abschnitt geht es darum, wie und vor allem wann die Niere die ganzen Elektrolyte und anderen Stoffe aus dem Primärfiltrat zurück gewinnt. Eigentlich verläuft die Rückresorption immer nach ähnlichen Prinzipien: Am Anfang wird viel und ungesteuert resorbiert, während am Ende (im distalen Tubulus und im Sammelrohr) kleine Substanzmengen transportiert werden, dies jedoch unter der strengen Aufsicht der Hormone (z. B. Aldosteron).

> **Merke!**
> - Es gibt die Sekretion, aber das Verb heißt sezernieren und bedeutet ausscheiden, z. B. aus der Nierenzelle ins Tubuluslumen.
> - Resorption oder resorbieren bedeutet etwas zurückzuholen, z. B. aus dem Tubulus.

3.8.1 Prinzipien der Rückresorption

Die Niere hat bestimmte Prinzipien, nach denen sie ihre Aufgaben der Resorption und Sekretion erfüllt: Am Anfang des Tubulussystems – im proximalen Tubulus – versucht die Niere, große Substanzmengen aus dem Primärfiltrat zurückzuholen. Da die Tubulusflüssigkeit isoton ist (dieselbe Osmolarität wie das Blutplasma hat) kann hier ein Massentransport zurück ins Blut erfolgen, weil nur kleine Konzentrationsgradienten überwunden werden müssen. Viele Physikumsfragen zielen auf diese Tatsache ab, deshalb kannst du dir (mit einer Ausnahme: dem Magnesium) merken:

> **Merke!**
> Im proximalen Tubulus findet prozentual die größte Resorption statt.
> Ausnahme: Magnesium, erst in der Henle-Schleife

Im weiteren Verlauf des Tubulus erreicht das Filtrat die Henle-Schleife, die im aufsteigenden Teil wasserundurchlässig ist. Hier wird unter anderem mit dem $2Cl^-$-Na^+-K^+-Symporter die Salzresorption erledigt. Mengenmäßig ist diese jedoch geringer als im proximalen Teil. Am Ende des Tubulussystems – im distalen Tubulus und Sammelrohr – wirken Hormone auf die Feineinstellung des Harns. Hier wird entschieden, wie viel Wasser und was für ein Urin (isoton, hypoton oder sogar hyperton bei Antidiurese) ausgeschieden wird. Die Rückresorption von kleinen Substanzmengen erfolgt hier gegen extrem hohe Konzentrationsgradienten.

Folgende Fakten solltest du dir merken:
- Proximaler Tubulus: Massentransport zurück ins Blut gegen einen kleinen Konzentrationsgradienten – isotone Rückresorption
- Henle-Schleife: Salzresorption. Deshalb wirken hier besonders die Diuretika.
- Distaler Tubulus und Sammelrohr: Rückresorption von kleinen Substanzmengen gegen große Konzentrationsgradienten; hormonell gesteuerte Feineinstellung der Urinzusammensetzung bei möglichst kleinem Wasserverlust

3.8.2 Rückresorption von Natrium, Kalium, Calcium und anderer Elektrolyte

Stoff	Hauptort der Resorption
Na^+	proximaler Tubulus (60 %)
Ca^{2+}	proximaler Tubulus (60 %)
HCO_3^-	proximaler Tubulus (90 %)
Phosphat	proximaler Tubulus (70 %)
Mg^{2+}	Henle-Schleife, dicker aufsteigender Ast, Pars recta (60 %)

Tab. 2: Hauptresorptionsort ist der proximale Tubulus – Ausnahme Magnesium

3 Niere

Natrium (Na⁺) und Chlorid (Cl⁻)

In den folgenden Abschnitten wird die Natrium- und Chloridresorption entlang des Tubulussystems erläutert. Merken solltest du dir vorab schon mal, dass der **Antrieb für diese Resorption die basolaterale Na⁺/K⁺-ATPase** ist, die den dafür notwendigen Natriumgradienten aufbaut. Die notwendige Energie für die Na⁺/K⁺-ATPase-Aktivität wird im proximalen Tubulus vorwiegend durch die Oxidation von Fettsäuren und Ketonkörpern zur Verfügung gestellt.

Natrium und Chlorid im proximalen Tubulus
Insgesamt wird im proximalen Teil des Tubulussystems schon 2/3 des Natriums rückresorbiert. Leider muss man fürs schriftliche Examen im Falle von Natrium und Chlorid den proximalen Tubulus weiter unterteilen in:
– den frühproximalen und
– den spätproximalen Tubulus.
Frühproximal werden viele positive Natriumionen aus dem Lumen des Nierentubulus zurückgeholt, wodurch das Tubuluslumen negativer wird. Daher spricht man hier auch von einem **lumennegativen transepithelialen Potenzial**. Die Chloridionen werden frühproximal relativ unbehelligt gelassen. Aufgrund der Wasserresorption kann es daher sein, dass die Chlorid-Konzentration in diesem Teil über der des Blutplasmas liegt.
Im spätproximalen Tubulus werden die negativen Chloridionen aus dem Tubulus rückresorbiert. Daher wird hier das **transepitheliale Potenzial lumenpositiv**.
Dem rückresorbierten Natrium folgt passiv das **Wasser, das durch die Zellspalten (parazellulär) bestimmte Stoffe mitspült**. Diesen Vorgang nennt man **solvent drag**. Durch die vermehrte Wasserresorption steigt spätproximal die Chloridkonzentration an.
Spätproximal steigt nur die **Chloridkonzentration** an, die Chloridmenge hingegen nimmt ab. Grund: Es verlässt mehr Wasser als Chlorid den Tubulus. Wenn dann noch 40–50 % des filtrierten Chlorids übrig sind, ist Chlorid sogar **höher konzentriert als Natrium**, das ja im Primärfiltrat das höher konzentrierte Ion ist.
Neben der Wasserresorption wird die Natriumresorption auch zum Rücktransport von **Glucose und Aminosäuren** benutzt. **Antrieb für diesen sekundär aktiven Cotransport ist der Natriumgradient**, der über die basolaterale Na⁺/K⁺-ATPase aufgebaut wird:

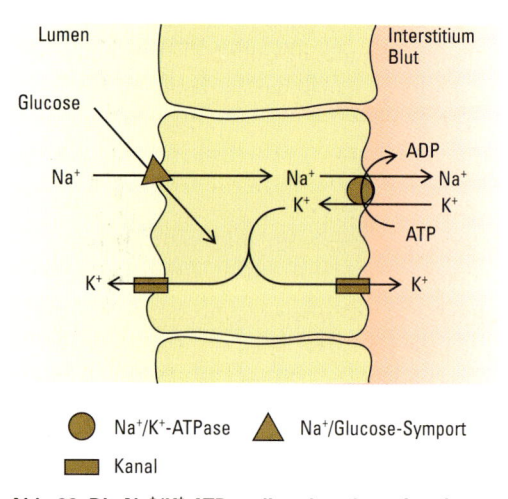

Abb. 22: Die Na⁺/K⁺-ATPase liegt basolateral und treibt den Transport an

medi-learn.de/6-physio1-22

In den proximalen Nierentubuluszellen existiert ein ganz besonderer sekundär aktiver Transporter, der ohne Natriumgradient angetrieben wird: Basolateral gibt es dort den Na⁺/HCO₃⁻-Symporter NBC1, der durch einen HCO₃⁻-Gradienten angetrieben und Natrium aus der Zelle in den Extrazellulärraum schafft (s. Abb. 25, S. 44). Du meinst, das sei unwichtig? Vielleicht, aber leider nicht fürs Physikum.
Besonders solltest du dir folgendes merken:
– Im proximalen Tubulus werden 2/3 des Natriums rückresorbiert. Bis zum Sammelrohr werden sogar über 95 % des filtrierten Natriums zurückgewonnen, d. h. die Ausscheidung von Natrium beträgt weniger als 5 %.
– Solvent drag = parazellulärer Wasserstrom spült Stoffe mit.

3.8.2 Rückresorption von Natrium, Kalium, Calcium und anderer Elektrolyte

- Natrium wird im Cotransport mit Glucose und Aminosäuren resorbiert.
- Im frühproximalen Tubulus herrscht ein lumennegatives Potenzial durch Entfernung der positiven Natriumionen.
- Im spätproximalen Tubulus herrscht ein lumenpositives Potenzial. Grund: Durch die Wasserresorption steigt im Tubulus die Cl⁻-Konzentration, das in der Folge aus dem Tubulus entweicht und seine negative Ladungen natürlich mitnimmt. 
- Spätproximal ist Chlorid höher konzentriert als Natrium, das jedoch noch höher konzentriert ist als Bikarbonat (Cl⁻ > Na⁺ > HCO₃⁻).
- Am Ende des proximalen Tubulus sind noch 40–50 % des Chlorids vorhanden.

Natrium und Chlorid im dicken aufsteigenden Teil der Henle-Schleife. Im dicken aufsteigenden Teil der Henle-Schleife begegnet uns nun der Lieblingstransporter der schriftlichen Physikumsprüfung: Der Na⁺-K⁺-2Cl⁻-Cotransporter. Als ganz wichtiges Detail solltest du wissen, dass dieser Transporter durch das Diuretikum Furosemid (z. B. Lasix) gehemmt wird.

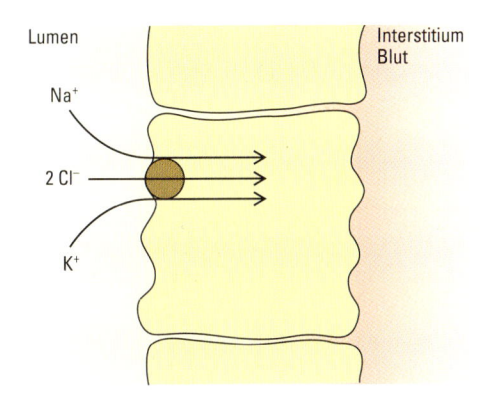

Abb. 23: Na⁺-K⁺-2Cl⁻-Cotransporter

medi-learn.de/6-physio1-23

> **Merke!**
>
> Der Na⁺-K⁺-2Cl⁻-Cotransporter ist durch Schleifendiuretika wie Furosemid hemmbar.

Natrium und Chlorid, die mit dem Transporter befördert werden, verlassen die Zelle basolateral. Kalium dagegen benutzt einen luminalen Kanal und bewirkt so – aufgrund seiner positiven Ladung – ein lumenpositives Potenzial.

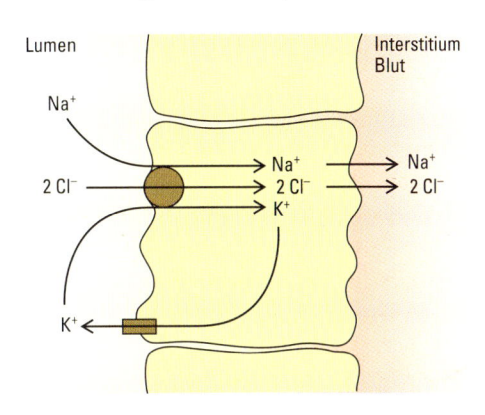

Abb. 24: Na⁺-K⁺-2Cl⁻-Cotransporter und der weitere Weg der Ionen   *medi-learn.de/6-physio1-24*

Kalium (K⁺)

Kalium kann – je nach Bedarf – reteniert (zurückgehalten) oder ausgeschieden werden. Seine **fraktionelle Ausscheidung liegt dabei im Bereich von 1 % (Resorption) bis 200 % (Ausscheidung)**. Der mittlere Wert bewegt sich zwischen 5 % und 15 %.

Bei einer Hyperkaliämie kann unser Körper daher **Kalium sezernieren, was bedeutet, dass die Kaliumclearance größer ist als die GFR** (s. 3.4, S. 33).

> **Übrigens ...**
> Bei einer Antidiurese kann die Kaliumkonzentration im Urin über der im Primärfiltrat liegen.

Grundsätzlich funktioniert auch die Kaliumresorption nach den für Natrium besprochenen Prinzipien (s. Kapitel 3.8.1, S. 39): Der **größte Teil des Kaliums wird schon im proximalen Tubulus resorbiert**. Dieser Transport erfolgt – im Gegensatz zum Natrium – jedoch **parazellulär**.

3 Niere

An dieser Stelle solltest du dich kurz noch mal an die allgemeinen Resorptionsmechanismen in der Niere erinnern (s. 3.8.1, S. 39). Proximal findet ein Massentransport gegen kleine Konzentrationsgradienten statt. Distal werden kleine Mengen transportiert, jedoch gegen größere Gradienten mit hormoneller Feineinstellung.

Ein entscheidendes Hormon für den Kaliumhaushalt ist das Aldosteron. Aldosteron erhöht die renale Kalium-AUSSCHEIDUNG und gleichzeitig auch die intrazelluläre Kalium-AUFNAHME. Ist das kein Widerspruch? Eine erhöhte Ausscheidung zusammen mit einer erhöhten zellulären Aufnahme? Die Antwort lautet „Nein", denn beide Mechanismen führen dazu, dass Kalium aus dem Extrazellulärraum entfernt wird, wo es z. B. das Ruhemembranpotenzial durcheinander bringen könnte. Doch zurück zum Aldosteron: Unter dem Einfluss dieses Hormons sezernieren die Hauptzellen des Sammelrohrs Kalium ins Tubuluslumen.

Im Gegensatz dazu können bei einer Hypokaliämie die Schaltzellen im Sammelrohr und Verbindungsstück Kalium je nach Bedarf resorbieren. Diese Resorption erfolgt im Antiport mit H^+-Ionen.

Merke!

Du solltest dir unbedingt merken, dass
- der größte Teil des Kaliums im proximalen Tubulus parazellulär resorbiert wird,
- die Hauptzellen des Sammelrohrs Kalium aldosteronabhängig sezernieren,
- Aldosteron die renale Kaliumausscheidung erhöht, aber auch die intrazelluläre Kaliumaufnahme,
- die Schaltzellen im Sammelrohr und im Verbindungsstück Kalium im Austausch mit H^+ resorbieren können,
- bei Hemmung der proximalen Na^+-Resorption die Kaliumsekretion steigt und
- bei Hemmung der Na^+-Resorption im Sammelrohr – z. B. durch Amilorid – die Kaliumsekretion sinkt.

Beispiel

Was sagst du zu diesen beiden Behauptungen?
- Bei Hemmung der proximalen Na^+-Resorption steigt die Kalium-Sekretion.
- Bei Hemmung der Na^+-Resorption im Sammelrohr (z. B. durch das Diuretikum Amilorid) sinkt die Kalium-Sekretion.

Ja, genau! Sie sind beide richtig, denn:
- Wenn im proximalen Tubulus die Natriumresorption behindert wird, holt sich die Niere das Natrium eben später – im Sammelrohr und im distalen Tubulus – zurück. Dort hängt die Natriumresorption aber ganz eng mit der Kaliumsekretion zusammen: Je mehr Natrium resorbiert wird, desto mehr Kalium wird ausgeschieden.
- Im zweiten Fall ist genau diese Verbindung zwischen Natrium und Kalium gestört, da Amilorid direkt einen Natriumkanal hemmt. Dies führt dazu, dass weniger Natrium resorbiert wird und dementsprechend auch weniger Kalium den Körper verlässt. Aus diesem Grund nennt man Diuretika wie Amilorid auch kaliumsparende Diuretika.

Ein Beispiel zur Kaliumresorption, das schon im schriftlichen Examen gefragt wurde, ist das **Liddle-Syndrom**. Dabei handelt es sich um einen genetischen Defekt, der eine erhöhte Offenwahrscheinlichkeit der nicht spannungsabhängigen Natriumkanäle bedingt. Dies führt zu einer gesteigerten Natriumresorption. Da im späten Teil des Tubulussystems und im Sammelrohr die Natriumresorption jedoch eng mit der Kaliumausscheidung verknüpft ist, hat dieser Defekt zur Folge, dass die Kaliumausscheidung erhöht ist, was zur Hypokaliämie (zu niedrige Kalium-Konzentration im Blut) führt.

Magnesium (Mg^{2+})

Magnesium bildet in der Niere eine Ausnahme, da für dieses Ion die vorne besprochenen Rückresorptionsprinzipien nicht ganz zutreffen: **Magnesium wird größtenteils erst in der Henle-Schleife rückresorbiert** und in die dortigen Zellen aufgenommen. Antrieb dafür ist das dort herrschende **lumenpositive Potenzial**: Das doppelt positiv geladene Magnesium wird vom ebenfalls positiven Tubuluslumen abgestoßen und drängt nach außen.

Wird dieses transepitheliale Potenzial z. B. durch **Schleifendiuretika** wie Furosemid beeinflusst, hat das eine **erhöhte Magnesiumausscheidung** (weniger Mg^{2+}-Rückresorption → mehr Mg^{2+}-Ausscheidung) zur Folge. Dazu muss man wissen, warum in der Henle-Schleife normalerweise ein positives transepitheliales Potenzial herrscht. Der Grund ist die erhöhte Resorption der negativen Chloridionen (s. 3.8.2, S. 39). Schleifendiuretika verhindern nun genau diese Chloridresorption und sorgen damit für ein geringeres transepitheliales Potenzial. Die Folge ist, dass Magnesium im Tubuluslumen nicht mehr so stark abgestoßen wird und dort verbleibt.

Herrschen im Körper hohe Plasmakonzentrationen von Magnesium, kann der Körper von Resorption auf **Ausscheidung** umschalten. Diese Ausscheidung findet hauptsächlich **parazellulär** statt.

Calcium (Ca^{2+})

Calcium wird zum **größten Teil im proximalen Tubulus resorbiert. Antrieb dafür ist ebenfalls das dort herrschende lumenpositive Potenzial.** Der passive Transport erfolgt hauptsächlich **parazellulär**. Ein weiterer Resorptionsort für Calcium ist der **dicke, aufsteigenden Teil der Henle-Schleife**: Hier erfolgt der Transport über Carrier, die von Parathormon beeinflusst werden. Aus demselben Grund wie für Magnesium (s. 3.8.2, S. 39) ist auch für **Calcium die Ausscheidung bei Furosemidgabe erhöht**.

3.8.3 Rolle der Niere im Säure-Basen-Haushalt

Der pH-Wert unseres Blutes muss konstant um die 7,4 liegen. Dies wird durch verschiedene Kontrollsysteme, die unterschiedlich schnell reagieren können, gewährleistet. Dazu zählen die Puffersysteme des Blutes (z. B. Hämoglobin) und anderer Gewebearten, der Gasaustausch in der Lunge und die Ausscheidung von Säuren oder Basen in der Niere. Die Niere kann über verschiedene Mechanismen in den Säure-Basen-Haushalt eingreifen: Über die Sekretion von H^+-Ionen, über die Resorption oder Ausscheidung von Bicarbonat (HCO_3^-), über die Ausscheidung von Ammoniak und Ammoniumionen (NH_3 und NH_4^+) und über einen Phosphatpuffer.

Ein für den Säure-Basen-Haushalt sehr wichtiges Puffersystem ist die Reaktion:

$$H_2O + CO_2 \rightleftharpoons H^+ + HCO_3^-$$

Die Bedeutung dieses Puffersystems ist deswegen so groß, da die Konzentrationen seiner Bestandteile unabhängig voneinander vergrößert oder verkleinert werden können: HCO_3^- kann durch die Niere und zum Teil auch durch die Leber verarbeitet werden und CO_2 kann über die Lunge abgeatmet werden. Damit handelt es sich beim Carbonatpuffer um ein offenes Puffersystem: Der Körper hat immer die Möglichkeit, nochmal nachzulegen und weiter zu puffern. Fallen im Körper z. B. mehr H^+-Ionen an, wird nach der obenstehenden Gleichung Bicarbonat verbraucht und es entsteht Wasser und CO_2, das über die Lunge ausgeatmet wird. Kurz: Metabolische Azidosen werden respiratorisch kompensiert.

Ist umgekehrt die Lunge ventilatorisch beeinträchtigt und kann nicht genügend CO_2 abatmen, führt dies zu einer erhöhten H^+-Ausscheidung über die Niere und zur vermehrten

HCO_3^--Bildung. Kurz: Respiratorische Azidosen werden metabolisch kompensiert.

> **Übrigens ...**
> Wenn es über die vermehrte Ausscheidung von Säuren zum Ansäuern des Urin kommt, kann dies zu Harnsäuresteinen in den ableitenden Harnwegen führen.

Bicarbonat (HCO_3^-)

Grundsätzlich folgt Bicarbonat (HCO_3^-) dem im Kapitel 3.8.2, S. 39 beschriebenen Rückresorptionsmechanismus und wird zu 90 % im proximalen Tubulus resorbiert.

Im Detail betrachtet sieht das Ganze so aus: Nachdem Bicarbonat im Glomerulum filtriert wurde, taucht es im Tubulussystem auf und reagiert dort mit den von den Tubuluszellen sezernierten H^+-Ionen über den Zwischenschritt Kohlensäure (H_2CO_3) zu Wasser (H_2O) und Kohlendioxid (CO_2). Die H^+-Ionen werden entweder über einen sekundär aktiven Na^+/H^+-Antiport oder über primär-aktive H^+-ATPasen sezerniert. Das entstandene CO_2 diffundiert in die Tubuluszellen und reagiert dort wieder mit H_2O zu HCO_3^- und H^+-Ionen (Rückreaktion). Das entstandene Bicarbonat verlässt dann basolateral zusammen mit Natrium die Tubuluszelle. Achtung: In diesem Na^+/HCO_3^--Symport ist der Antrieb der elektrochemische Bicarbonatgradient. Natrium verlässt die Zelle entgegen seines elektrochemischen Gradienten und wird daher sekundär aktiv transportiert. Dies ist eine große Ausnahme, da Natrium sonst immer selbst der Antrieb für die sekundär aktiven Transporte ist, allerdings nur wenn es in die Zelle hinein geht.

Bitte merke dir fürs Examen unbedingt, dass ohne die sezernierten H^+-Ionen keine Bicarbonatresorption möglich ist. Bicarbonat kann nämlich nur in Form von Kohlendioxid in die Zelle „geschmuggelt" werden.

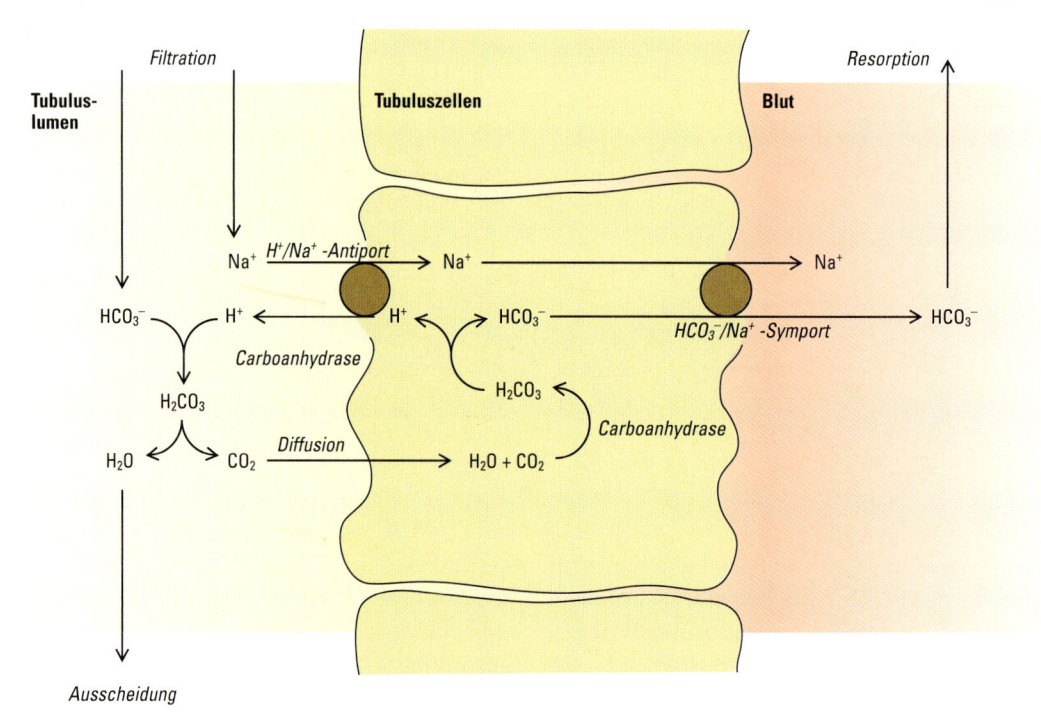

Abb. 25: Carboanhydrase

medi-learn.de/6-physio1-25

3.8.3 Rolle der Niere im Säure-Basen-Haushalt

Da die Reaktion

$$HCO_3^- + H^+ \rightleftharpoons H_2CO_3 \rightleftharpoons CO_2 + H_2O$$

im Körper nur sehr langsam ablaufen würde, wird sie durch ein Enzym katalysiert: die Carboanhydrase. Die Carboanhydrase kommt an mehreren Stellen des Körpers vor. In der Niere gibt es sie in der Zelle (Carboanhydrase II) und außerhalb der Zelle (Carboanhydrase IV im Tubuluslumen). In der Zelle beschleunigt sie die Reaktion von Kohlendioxid (CO_2) und Wasser (H_2O) zu Bicarbonat (HCO_3^-) und Wasserstoffionen (H^+), außerhalb der Zelle (im Tubuluslumen) erhöht sie die Geschwindigkeit der Rückreaktion von Bicarbonat und Wasserstoffionen zu Wasser und Kohlendioxid.

Wird die Carboanhydrase gehemmt (z. B. durch Acetazolamid), führt dies zu einer erhöhten Bicarbonatausscheidung.

Grund: Ohne enzymatische Hilfe läuft der vorne beschriebene Schmuggelmechanismus in die Zelle nur noch sehr langsam ab.

Außerdem bewirkt die Hemmung der Carboanhydrase eine Azidose, da auch weniger H^+-Ionen aus der intrazellulären Produktion der Carboanhydrase zur Sekretion bereitstehen. Folge: Die H^+-Ionen bleiben im Körper, was diesen ganz schön sauer macht. Schließlich vermindert die Hemmung der Carboanhydrase auch noch die Natriumresorption, was zu vermehrter Diurese führt. Grund: Auch die intrazelluläre Carboanhydrase wird gehemmt, wodurch weniger H^+-Ionen in der Zelle für den Na^+/H^+-Antiport entstehen. Folge: Die Natriumionen bleiben im Tubuluslumen und verhindern, dass Wasser resorbiert wird, was zu einer Diurese führt.

Die Hemmung der Carboanhydrase – z. B. mit Acetazolamid – bewirkt eine

- Diurese aufgrund der verminderten Na^+-Resorption,
- erhöhte Bicarbonatausscheidung und
- Azidose, da H^+-Ionen zurückgehalten werden.
- Außerdem vermindert sie die gastrinstimulierte Magensäureproduktion. (Das hat zwar nichts mit der Niere zu tun, taucht aber gerne mal in den Fragen zur Carboanhydrase auf.)

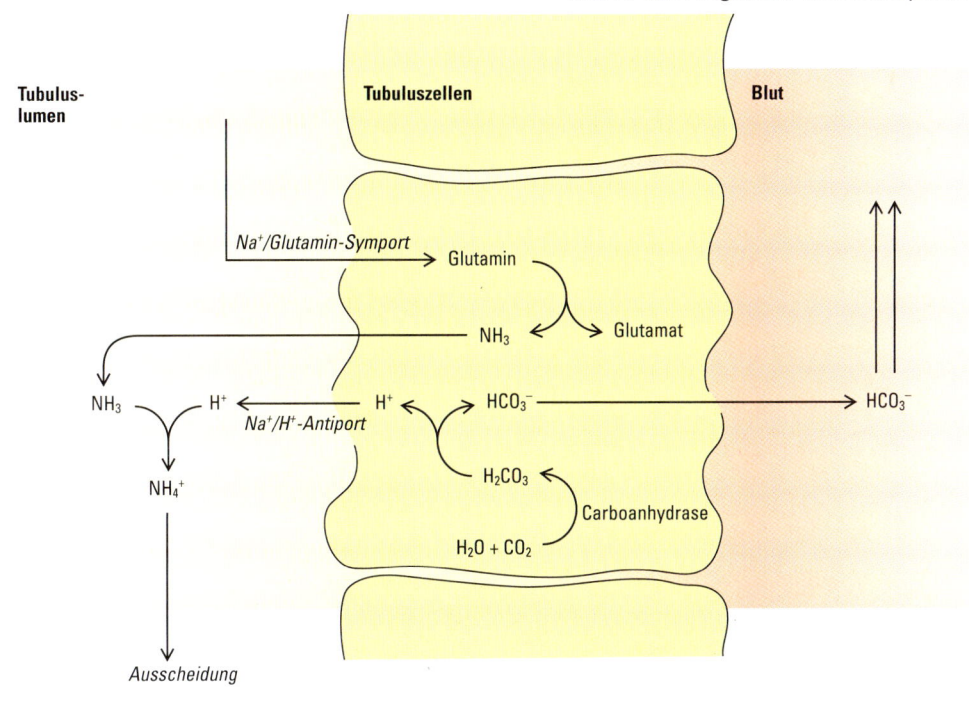

Abb. 26: Ausscheidung von NH_3 /NH_4^+

medi-learn.de/6-physio1-26

3 Niere

Welche Auswirkungen hat eine Alkalose auf das Bicarbonat-System?

Alkalose bedeutet eine relative Armut an H^+-Ionen im Blutplasma. Bei Armut ist Sparen angesagt: Um den pH-Wert wieder zu normalisieren, versucht der Körper, möglichst wenige H^+-Ionen auszuscheiden. Es werden also weniger H^+-Ionen über den Na^+/H^+-Antiport in den Nierentubulus transportiert.

Im Tubuluslumen fehlen daher die H^+-Ionen als Reaktionspartner des Bicarbonats (HCO_3^-) in der Carboanhydrasereaktion, Bicarbonat (alkalisch) kann nicht zu CO_2 reagieren, entgeht damit der Resorption und wird mit dem Urin ausgeschieden. Folge: Der Urin-pH steigt an und der Blut-pH fällt wieder ab. Zusätzlich kommt es zur Diurese, weil aufgrund des H^+-Mangels auch die Natriumionen im Tubulus verbleiben und somit auch das Wasser keinen Drang verspürt, den Tubulus zu verlassen.

> **Merke!**
>
> Eine Alkalose führt zu
> - erhöhter HCO_3^- Ausscheidung im Urin,
> - alkalischem Urin,
> - verminderter proximaler Natriumresorption und
> - Diurese.

NH_3/NH_4^+

Die Niere hat noch weitere Systeme, mithilfe derer sie vor allem saure Valenzen eliminiert. Diese sind zwar etwas schwächer, dafür aber langfristiger. Tubuluszellen können durch **Desaminierung von Glutamin und Glutamat Ammoniumionen (NH_4^+) und Ammoniak (NH_3) produzieren**. Ammoniak kann frei diffundieren und gelangt so in das Lumen des Tubulus. Im Tubuluslumen reagiert der ungeladene Ammoniak zum Teil mit H^+-Ionen zu Ammoniumionen. Die Ammoniumionen (NH_4^+) sind geladen und können den Tubulus nicht mehr verlassen. Daher bleiben sie und verlassen den Körper über den Urin, jeweils mit einem sauren H^+-Ion im Gepäck. **Über die Ausscheidung von NH_3/NH_4^+ werden mehr als ein Drittel (bis zu zwei Drittel) der fixen Säuren aus dem Körper eliminiert**. Fixe Säuren sind überschüssige, saure Valenzen, die nicht wie CO_2 abgeatmet werden können und z. B. beim Abbau von Proteinen entstehen. Bei verstärktem Säureanfall kann die Niere ihre NH_3/NH_4^+-Produktion stark steigern, allerdings dauert dies einige Tage.

Aus einem Glutamin werden in zwei Schritten – über die mitochondriale Glutaminase und die Glutamat-Dehydrogenase – zwei Ammoniumionen (dissoziieren zu NH_3 und H^+) und 2-Oxoglutarat^{2-}. **Aus 2 Mol 2-Oxoglutarat^{2-} (Ketoglutarat) kann die Niere im Rahmen der Gluconeogenese 1 Mol Glucose produzieren.**

Phosphat

Als weiteres Puffersystem verfügt unser Körper über den Phosphatpuffer. Dieser spielt eine geringere Rolle bei der Kompensation einer Azidose als der Ammoniakpuffer.

Vom filtrierten **Phosphat** wird normalerweise nur eine **geringe Menge ausgeschieden**. Die **Rückresorption erfolgt sekundär-aktiv** mit dem Natriumgradienten als Antrieb. Durch den Bowmanfilter wird Phosphat als HPO_4^{2-} filtriert. Die HPO_4^{2-}-Ionen erreichen das Tubulussystem und puffern H^+-Ionen ab. Im Urin erscheint dann $H_2PO_4^-$ als titrierbare Säure. Die Ausscheidung von Phosphat wird durch Parathormon gefördert.

> **Übrigens ...**
> Bei einer Azidose und/oder einem erhöhten Parathormonspiegel ist die Ausscheidung von Phosphat erhöht.

3.8.4 Rückresorption weiterer wichtiger Substanzen

Außer den wichtigen Elektrolyten befinden sich im Primärfiltrat auch noch andere Stoffe, die zurückgewonnen werden sollen. Einer da-

3.8.4 Rückresorption weiterer wichtiger Substanzen

von ist die Glucose, der Liebling des schriftlichen Examens. Anschließend geht es um die Proteine, die Aminosäuren und zu guter Letzt um den Harnstoff.

> **Übrigens ...**
> Fettsäuren müssen NICHT rückresorbiert werden, da sie gar nicht filtriert werden.

Glucose

Glucose ist einer der Stoffe, die so wichtig für den Körper sind, dass sie eigentlich gar nicht ausgeschieden werden sollten. Schon **im proximalen Tubulus** wird daher die **filtrierte Glucosemenge fast vollständig rückresorbiert**. Dies geschieht sekundär-aktiv mit Natrium (elektrogener Transport, s. 1.7.3, S. 8). Sind diese Transporter gesättigt, ist also mehr Glucose im Tubulus vorhanden als rückresorbiert werden kann, taucht Glucose im Urin auf. Das ist **immer pathologisch** und wird als **Glucosurie** bezeichnet. Mögliche Ursachen sind:
- defekte Glucosecarrier (angeborener Defekt) oder
- das Überschreiten des Transportmaximums, z. B. bei einer Hyperglykämie (zu viel Glucose im Blut = Diabetes mellitus).

Die Grenze zwischen Sättigung und Überschreiten des Transportmaximums nennt man **Nierenschwelle**. Sie liegt bei 180 mg/dl oder 10 mmol/l. Da Glucose osmotisch wirksam ist, führt eine Glucosurie zur osmotischen Diurese.

Beispielrechnung zur Nierenschwelle von Glucose:

Aufgabe: Die GFR sei 100 ml/min, das Transportmaximum von Glucose betrage 1,2 mmol/min. Bei welcher Glucosekonzentration beträgt die renale Glucoseausscheidung 0,6 mmol/min?

Antwort: 18 mmol/l

Erklärung: Wenn das Transportmaximum 1,2 mmol beträgt und am Ende noch 0,6 mmol übrig sein sollen, müssen vorher 1,8 mmol da gewesen sein (1,8 mmol – 1,2 mmol Rückresorption = 0,6 mmol Glucoseausscheidung).

Da man jetzt also weiß, dass 1,8 mmol/min mit einer glomerulären Filtrationsrate von 100 ml/min filtriert wurden, sind das in der Einheit Liter (= 100 ml · 10) umgerechnet 18 mmol/l (1,8 mmol in 100 ml mit 10 multipliziert ergibt 18 mmol in 1000 ml = 18 mmol/l).

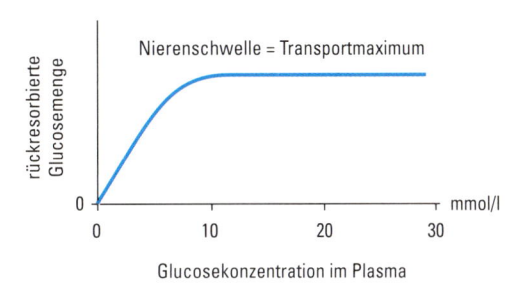

Abb. 27: Die Glucoseresorption hat ein Maximum und kann NICHT beliebig gesteigert werden.

medi-learn.de/6-physio1-27

Der Begriff Diabetes mellitus (griech. mellitus: mit Honig versüßt) hat auch mit der Nierenschwelle von Glucose zu tun. Beim Diabetes mellitus ist die Insulinproduktion, -ausschüttung oder -wirkung gestört, wodurch es zur Hyperglykämie kommt und folglich Glucose im Urin auftaucht.

Der Diabetes mellitus ist durch eine Hyperglykämie mit resultierender Glucosurie und osmotischer Diurese (Polyurie) charakterisiert. Da man – wenn man viel ausscheidet – auch viel trinken muss, findet man auch noch eine Polydipsie. Beim unbehandelten Diabetes mellitus kommt es außerdem zu einer nicht-respiratorischen Azidose und da metabolische Azidosen respiratorisch kompensiert werden, auch noch zur Hyperventilation (mit Abatmung von CO_2).

3 Niere

> **Übrigens ...**
> Da früher die Urindiagnostik noch ein wenig rustikaler war, sollen die Nonnen (die damaligen Krankenschwestern) mit dem Finger den Urin des Patienten probiert haben: Schmeckte dieser süß wie Honig, so lag ein Diabetes vor.

Proteine

Von gesunden Glomeruli werden die großen Proteine fast gar nicht filtriert. Dies liegt zum einen an der Filtergröße der Bowmankapsel und zum anderen an der negativen Ladung der Basalmembran. Diese negative Ladung stößt die ebenfalls negativ geladenen Proteine ab, die gar keine Lust mehr haben durch den Filter zu gehen. Daher liegt die normale Ausscheidung von Albumin unter 200 mg (physiologisch zwischen 5–35 mg) pro Tag.
Neulich in der Niere: „Du stößt mich ab", sagte das Albumin. „Warum bist du immer so negativ?" erwiderte die Basalmembran. „Selber ..."

Kleinere Proteine, die es doch bis in den Tubulus schaffen, können per Endozytose resorbiert werden. Die noch kleineren Peptide werden mit speziellen Transportern zurückgeholt. Hervorzuheben sind hier besonders die **Dipeptide**, die dazu den **tertiär-aktiven Transport mit H^+-Ionen nutzen** (s. 1.7.2, S. 6).

Aminosäuren

Auch Aminosäuren nutzen den **Natriumgradienten für ihre sekundär-aktive Rückresorption**. Für die verschiedenen **Aminosäuregruppen** gibt es dabei **spezifische Gruppentransporter**: Arginin und Lysin benutzen z. B. denselben Carrier. Liegt eine Aminosäure dieser Gruppe in zu großer Menge vor, hemmt sie kompetitiv die Aufnahme der anderen Aminosäuren dieser Gruppe, die dann prozentual weniger aus dem Tubulussystem zurückgeholt werden.

Harnstoff

Wie der Name schon vermuten lässt, ist der Harnstoff ein **harnpflichtiger Stoff**. Das bedeutet, dass der Körper darauf angewiesen ist, ihn mit dem Harn auszuscheiden. Sollte dies nicht mehr möglich sein, z. B. bei einer eingeschränkten GFR (s. 3.4, S. 33), treten erhöhte Harnstoffkonzentrationen im Blut auf. Harnstoff ist ein Endprodukt des Stickstoffstoffwechsels mit einer hohen Fettlöslichkeit, aber einer geringen Proteinbindung. Daher kann er Membranen einfach durch Diffusion (s. 1.7.1, S. 4) überwinden. Aus diesem Grund ist es auch **NICHT möglich, 100 % des filtrierten Harnstoffs auszuscheiden.** Harnstoff unterliegt in der Niere einem Kreislauf:
- Im proximalen Tubulus wird ein Teil des Harnstoffs resorbiert, der Rest verbleibt zunächst im Tubulus.
- Im Bereich des distalen Tubulus ist die Wand durchlässig für Wasser, aber undurchlässig für Harnstoff. Daher steigt hier die Harnstoffkonzentration an.
- Am Ende des Sammelrohrs ist die Wand wieder für Harnstoff durchlässig und er diffundiert wieder ins Nierenmark zurück. Hier **hat Harnstoff einen großen Anteil am hohen osmotischen Gradienten,** der für die Harnkonzentrierung (s. 3.9, S. 49) so wichtig ist.

Weil Harnstoff im Sammelrohr wieder aus dem Tubulussystem herausdiffundiert, kommt es zu keiner vollständigen Ausscheidung des filtrierten Harnstoffs. Seine fraktionelle Ausscheidung ist sogar geringer als die von Kreatinin.

Wenn bei einer Niereninsuffizienz die Niere nicht mehr in der Lage ist, harnpflichtige Substanzen, Gifte, Medikamente und andere Stoffe, die renal eliminiert werden, auszuscheiden, dann sammeln diese sich im Körper an. Bei Medikamenten führt dies dazu, dass sie länger wirken. Deshalb muss man bei Nierenpatienten bestimmte Medikamente geringer dosieren (z. B. Digoxin = Digitalisglykosid für die Herzkraftsteigerung). Bei Harnstoff nennt man diesen Zustand **Urämie** (Harnvergiftung des Blutes). Die Symptome können von leichter Übelkeit mit Erbrechen bis hin zum urämischen Koma reichen – ein ernsthaftes Krankheitsbild, das durch Dialyse behandelt werden muss.

Du solltest dir folgende Fakten besonders merken:
- Harnstoff ist ein harn**pflichtiger** Stoff und dient der renalen Stickstoffausscheidung.
- Bei stark gefallener GFR findet sich eine erhöhte Harnstoffkonzentration im Blut.
- Harnstoff diffundiert bei Antidiurese aus dem Sammelrohr in die Henle-Schleife zurück und trägt damit erheblich zum Erhalt des osmotischen Gradienten bei.
- Weil Harnstoff aus dem Tubulus herausdiffundiert, wird der filtrierte Harnstoff NICHT vollständig ausgeschieden und hat eine geringere fraktionelle Ausscheidung als Kreatinin.

3.9 Harnkonzentrierung – Diurese/Antidiurese

In der schriftlichen Prüfung ist das haarsträubende Haarnadelgegenstromprinzip zwar nicht so wichtig, für die mündliche Prüfung im Bereich Physiologie solltest du es dir aber dennoch genau ansehen. Dazu empfiehlt es sich, dieses Kapitel auch noch mal in einem ausführlicheren Lehrbuch nachzulesen. Was kann die Niere überhaupt konzentrationstechnisch leisten?

Die Niere kann den Harn auf maximal 1300 mosmol/l konzentrieren oder bei Diurese auf 50 mosmol/l verdünnen. Die Wasserresorption hängt dabei entscheidend von der Osmolarität im Nierenmark ab: Dort wird der wichtige osmotische Gradient erzeugt, der dafür sorgt, dass Wasser aus dem Sammelrohr durch die Aquaporine ins Interstitium zurückdrängt und somit dem Körper weiterhin zur Verfügung steht. Dieser osmotische Gradient wird durch viele Faktoren beeinflusst. Einen **großen Anteil** daran hat der gern gefragte **Na^+-K^+-$2Cl^-$-Transporter**. Wenn man diesen hemmt (z. B. durch ein Schleifendiuretikum wie Furosemid), kommt es zur massiven Diurese, da die Osmolarität im Nierenmark sinkt und das Wasser folglich keinen Grund mehr hat, das Sammelrohr zu verlassen. Zusätzlich zum Na^+-K^+-$2Cl^-$-Transporter solltest du dir noch den Harnstoff merken, der durch seine Rückdiffusion aus dem Sammelrohr auch noch einen entscheidenden Einfluss auf den osmotischen Gradienten im Nierenmark hat. Harnstoff folgt in Anwesenheit von Adiuretin dem Wasser aus dem Sammelrohr und gelangt ins Interstitium. Von dort diffundiert er erneut in den dünnen Teil der Henle-Schleife, wo er ja bereits schon mal war. Er kreiselt also zurück, somit kommt es zu keiner vollständigen Ausscheidung des Harnstoffes, jedoch zu einem erhöhten osmotischen Gradienten im Nierenmark, welcher für die Wasserresorption entscheidend ist.

Nachfolgend sind nochmal wissenswerte Punkte aufgeführt:
- Die maximale Osmolarität des Urins beträgt 1300 mosmol/l.
- Der osmotische Gradient wird vor allem durch den Na^+-K^+-$2Cl^-$-Transporter (bei Hemmung durch Furosemid: massive Diurese) und durch Harnstoff aufgebaut.
- Die maximale Harnosmolarität kann niemals über der Osmolarität des Nierenmarks liegen.
- Bei Antidiurese herrscht eine hohe Osmolarität im Nierenmark, die wesentlich über der des Plasmas liegt.
- Die Osmolarität bei Antidiurese ist in der Nierenvene geringer als in der Nierenarterie. Das liegt daran, dass viele Teilchen ausgeschieden werden (hochkonzentrierter Harn) und gleichzeitig viel Wasser rückresorbiert wird. Das Blut wird also auf dem Weg durch die Niere verdünnt.

3 Niere

3.10 Die Niere als Wirkungs- und Produktionsort von Hormonen

Wenn man spontan ein Organ benennen sollte, das mit Hormonen zu tun hat, fiele die Niere einem wahrscheinlich als Letztes ein. Dabei ist dieser Hormonschauplatz nicht nur wichtig fürs Examen, sondern auch für dein späteres ärztliche Wirken. Und spannend noch dazu! In diesem Abschnitt werden dir zunächst die Hormone vorgestellt, die auf die Niere/den Wasserhaushalt und damit auch auf den Kreislauf wirken:
– Aldosteron,
– Renin-Angiotensin-Aldosteron-System (RAAS),
– ADH = antidiuretisches Hormon/Adiuretin/Vasopressin
– ANF (atrialer natriuretischer Faktor), Atriopeptin oder ANP.

Anschließend geht es dann um die Hormone, die von der Niere produziert werden:
– Erythropoetin und
– Calcitriol.

3.10.1 Aldosteron

Aldosteron ist ein Hormon der Nebennierenrinde, das aus Cholesterin synthetisiert wird. Ein typischer Stimulus der Aldosteronsekretion ist die Zunahme der Kaliumkonzentration im Blutplasma. Aldosteron gehört zu den **Mineralcorticosteroiden** und wirkt hauptsächlich am **spätdistalen Tubulus sowie am Sammelrohr**. Dort steigert es die **Produktion der Na^+/K^+-ATPase-Transporter**, die basolateral in die renalen Epithelzellen eingebaut werden. Außerdem **induziert Aldosteron die Synthese von Natriumkanalproteinen (ENaC)**, die luminal in die Epithelzellen des Sammelrohres eingebaut werden. **Beides hat zur Folge, dass mehr Natrium resorbiert wird und Kalium ausgeschieden wird. Dem resorbierten Natrium folgt dann passiv das Wasser.** Dadurch, dass positiv geladene Natriumionen aus dem Sammelrohrlumen entfernt werden, wird das transepitheliale Potenzial dort stark lumennegativ. Aldosteronantagonisten, wie **Spironolacton**, führen zur Diurese, indem sie die Natriumrückresorption und damit die Wasserrückresorption hemmen. Damit verbunden ist auch eine Reduktion der Kaliumausscheidung, da normalerweise aldosterongesteuert für jedes aufgenommene Natriumion ein Kaliumion ins Sammelrohr abgegeben wird. Spironolacton kann daher eine **Hyperkaliämie** auslösen. Außerdem führt es zu einer erhöhten Reninkonzentration im Blutplasma.

Aldosteron führt auch zu einer erhöhten Ausscheidung von H^+- und Kaliumionen. Um das überschüssige Kalium auszuscheiden, ist deshalb bei einer Hyperkaliämie die Aldosteronsekretion aus der Nebennierenrinde erhöht.

> **Merke!**
>
> Aldosteron
> – wirkt am spätdistalen Tubulus und an den Sammelrohren,
> – fördert die Synthese von Natriumkanalproteinen im Sammelrohr,
> – induziert die Na^+/K^+-ATPase, die in die basolaterale Membran renaler Sammelrohrepithelzellen eingebaut wird,
> – fördert die Resorption von Na^+ und Wasser und
> – führt zur Sekretion von H^+ und K^+ (daher auch gesteigerte Aldosteronsekretion bei K^+-reicher Nahrung).

3.10.2 Renin-Angiotensin-Aldosteron-System

Sinkt der renale Blutdruck akut unter 90 mmHg systolisch, werden Barorezeptoren gereizt, die eine Reninausschüttung anregen.

Renin ist eine Peptidase, die aus Angiotensinogen Angiotensin 1 abspaltet. Aus Angiotensin 1 spaltet das Angiotensin-Converting-Enzym (ACE) in der Lunge das Angiotensin 2 ab. Angiotensin 2 wirkt nun vasokonstriktorisch, fördert den Durst und erhöht in der Ne-

3.10.2 Renin-Angiotensin-Aldosteron-System

bennierenrinde die Aldosteronausschüttung. Alle diese Mechanismen erhöhen das Blutvolumen und bewirken über die Vasokonstriktion eine bessere Blutversorgung der Niere. Damit es nicht zu einer überschießenden Ausschüttung von Renin kommt, hemmt Angiotensin 2 die Reninausschüttung im Sinne einer negativen Feedbackschleife.

Bei Gabe von ACE-Hemmern zur medikamentösen Blutdrucksenkung kommt es durch den Wegfall der negativen Feedbackschleife zu einem Anstieg der Reninaktivität im Blutplasma.

Macula densa

Die Macula densa ist ein Teil des juxtaglomerulären Apparats, dort wo der Tubulus zu seinem Glomerulum zurückkehrt. Sie dient der Bestimmung des Natrium/Chlorid-Gradienten zwischen dem Blut im Vas afferens und dem Harn im Tubulus. Sie ist also ein feiner chemischer Sensor, der mit dem Na^+-K^+-$2Cl^-$-Transporter ausgestattet ist. Wenn eine hohe Natrium/Chloridkonzentration, also hypertoner Harn gemessen wird (also zu wenig Salz im bisherigen Tubusverlauf resorbiert wurde), wird aus den Zellen an der Macula densa Adenosin sezerniert, was direkt zur Kontraktion der glatten Muskulatur im Vas afferens führt. Somit drosselt sich das Glomerulum die Blutzufuhr, die GFR nimmt ab und das Tubulussystem hat mehr Zeit die Ionen richtig auf zu nehmen und die Ionenkonzentration nimmt im Verlauf an der Macula densa ab. Das Gegenteil passiert bei zu niedriger Ionenkonzentration, dann aber über Prostaglandine gesteu-

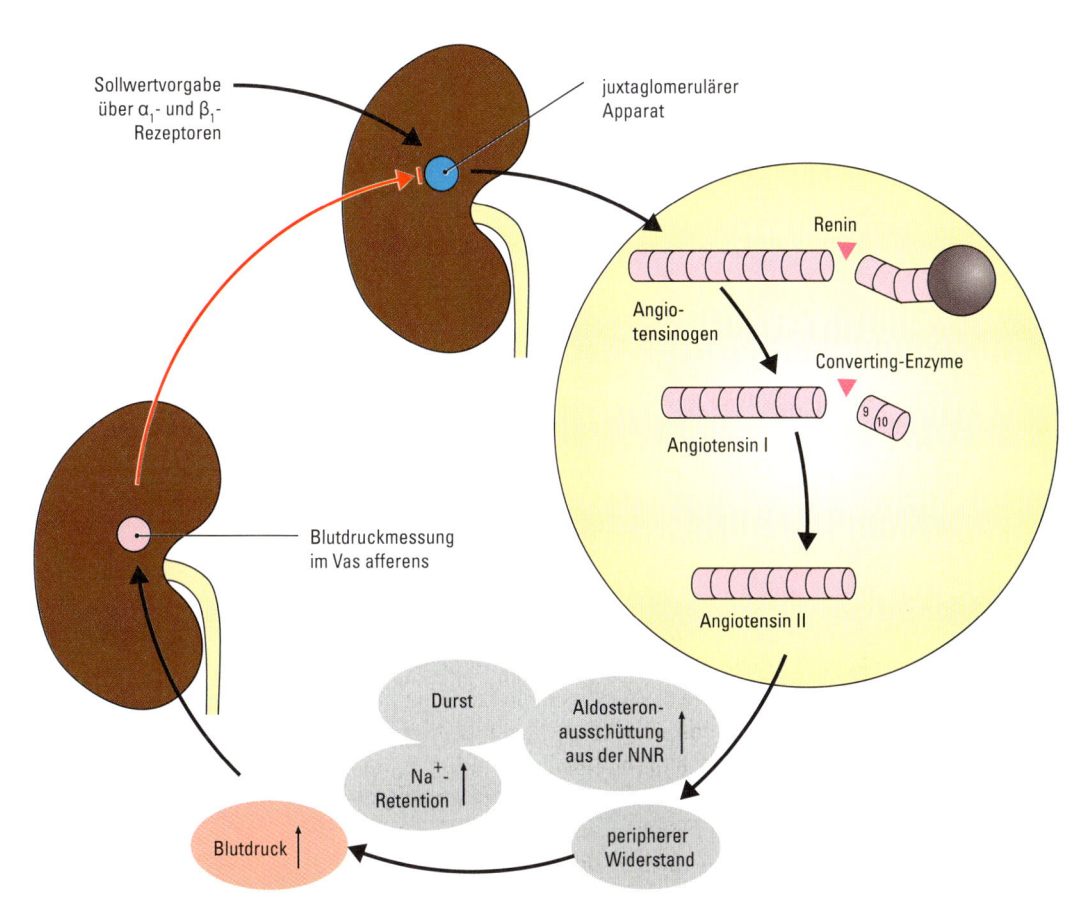

Abb. 28: Renin-Angiotensin-Aldosteron-System

medi-learn.de/6-physio1-28

ert. Zusätzlich wird bei hypoosmolarem Urin an der Macula densa Renin aus granulären Zellen der Gefäße ausgeschüttet, was zu einer Vasokonstriktion (auch des Vas efferens) führt und somit zu einer erhöhten GFR! Qualitätskontrolle pur mit sofortiger Umsetzung effektiver Maßnahmen, das sollte es mal im Krankenhaus geben …

> **Merke!**
>
> Renin wird freigesetzt, wenn
> – der arterielle Mitteldruck abfällt,
> – renale β-Adrenorezeptoren stimuliert werden,
> – die Niere minderdurchblutet ist (z. B. bei Hypovolämie oder einer Nierenarterienstenose) und
> – die NaCl-Konzentration an der Macula densa abfällt (führt direkt zur Vasokonstriktion im Vas efferens und dadurch zur GFR-Steigerung).
>
> Der Renin-Angiotensin-Kreislauf:
> 1. Renin spaltet aus Angiotensinogen Angiotensin 1 ab.
> 2. ACE spaltet Angiotensin 1 in Angiotensin 2 (ein Oktapeptid).
> 3. Über den Second messenger cAMP wirkt Angiotensin 2
> – vasokonstriktorisch,
> – durstfördernd,
> – erhöhend auf die Aldosteronausschüttung und
> – hemmend auf die Reninausschüttung.

3.10.3 Antidiuretisches Hormon (ADH)/ Adiuretin/Vasopressin – drei Namen, ein Hormon

Manchmal kann man schon vom Namen auf den Charakter schließen; zumindest bei Hormonen … ADH ist die Abkürzung für **A**nti**d**iuretisches **H**ormon, was frei übersetzt das Gleiche bedeutet wie Adiuretin, nämlich „Hormon, das die Wasserrückresorption erhöht."

Aus seinem älteren Namen **Vasopressin** kann man sich seine zweite Wirkung als **Gefäßkonstriktor** (Engsteller der Blutgefäße) ableiten.

Zwischenzeitlich hatte man versucht, sich eine der Wirkungen des ADH, nämlich die Vasokonstriktion, als Notfallmedikament zunutze zu machen. Durch die über V_1-Rezeptoren vermittelte Kontraktion der glatten Muskelzellen sollte die periphere Durchblutung gedrosselt werden. Anders ausgedrückt: Der totale periphere Widerstand sollte erhöht werden. Dadurch wollte man verhindern, dass während der Herzdruckmassage das Blut auch durch die Peripherie (Beine, Arme) gepumpt werden muss und nicht in den Kopf, der den Sauerstoff so dringend braucht. Mittlerweile ist man aber der Meinung, dass Adrenalin das genauso gut kann – zusätzlich hat letzteres noch positive Effekte aufs Herz.

Jetzt werden wir einem ADH-Molekül mal über die Schulter schauen und es von der Geburt im Hypothalamus bis zur Niere auf seinem Lebensweg begleiten: Das Licht der Welt erblickt **das ADH im Hypothalamus**, wo es aus neun Aminosäuren (= Nonapeptid) zusammengebaut, direkt verpackt und **per axonalem Transport entlang der Nervenfasern eine Etage tiefer in den Hypophysenhinterlappen verschickt wird**. Dort sitzt es nun in **seinem Exozytosevesikel** und wartet auf seinen großen Einsatz. Im Gegensatz zu den Hormonkollegen, die nebenan im Hypophysenvorderlappen herumlungern, **hat das ADH KEIN releasing Hormon. Sein Einsatzbefehl erfolgt dann, wenn an den Osmorezeptoren eine zu hohe Plasmaosmolarität gemessen wird oder das Plasmavolumen stark fällt**. Gemessen wird dies über eine verminderte Erregung der Dehnungsrezeptoren in den Herzvorhöfen. Andersrum funktioniert es übrigens auch: Nimmt die Dehnung der Herzvorhöfe (= Anstieg des zentralen Venendrucks) und somit auch die Erregungsfrequenz der Dehnungsrezeptoren der Herzvorhöfe zu, kommt es zur verminderten Ausschüttung von ADH. Diesen volumenregulatorischen Mecha-

3.10.3 Antidiuretisches Hormon (ADH)/Adiuretin/Vasopressin

nismus nennt man Henry-Gauer-Reflex. Es ist also gar nicht so dumm, dass ADH als Vasokonstriktor und auf die Wasserrückresorption wirkt, da beides dazu führt, dass dem Kreislauf mehr Flüssigkeit zur Verfügung steht, was dem Blutdruck zu Gute kommt.

Die ADH-Moleküle, die nicht in der Niere oder an den Gefäßen wirken, sorgen im Hypothalamus für die **Ausschüttung von ACTH**. ACTH führt in der Nebennierenrinde zur Aldosteronausschüttung. Aldosteron und ADH haben beide die Aufgabe, dem Körper mehr Flüssigkeit bereitzustellen. Über die induzierte ACTH-Ausschüttung verstärkt das ADH also seine eigene Wirkung. In der Niere angekommen, bindet das ADH-Molekül an den V_2-Rezeptor im Sammelrohr. So bewirkt es auf der luminalen Seite der Zelle über den Second messenger cAMP den Einbau von Wasserkanälen – den Aquaporinen – in die Zellmembran. Jetzt kann das Wasser ungehindert rückresorbiert werden, was dazu führt, dass das Plasmavolumen ansteigt und so die Plasmaosmolarität abnimmt (Verdünnung s. Abb. 1, S. 2). Gleichzeitig wird weniger Wasser ausgeschieden, wodurch die Harnosmolarität ansteigt (Konzentrierung).

> **Übrigens ...**
> Es gibt Tumoren, die ADH oder ADH-ähnliche Hormone produzieren. Bei den Betroffenen sinkt die Urinausscheidung und die Wasserrückresorption steigt, wodurch die Natriumkonzentration im Blut absinkt.

Diabetes insipidus

Der Diabetes insipidus ist eine angeborene oder erworbene Krankheit, die durch eine vermehrte Urinausscheidung (**Polyurie**) und ein gesteigertes Durstgefühl mit vermehrtem Trinken (**Polydipsie**) gekennzeichnet ist. Ursache ist entweder eine gestörte Ausschüttung oder Produktion des ADH (Diabetes insipidus centralis) oder eine gestörte ADH-Bindung an den V_2-Rezeptor in der Niere (Diabetes insipidus renalis). In beiden Fällen fehlt die ADH-Wirkung und die Niere scheidet vermehrt Wasser aus. Wird dieses Wasser nicht genügend durch Trinken ersetzt, kommt es zu einer **Hypernatriämie** (erhöhte Na$^+$-Konzentration im Blut) und damit zu einer **hypertonen Dehydratation**.

- **Diabetes insipidus centralis:** Oft kommt es bei einem Schädelhirntrauma zur Verletzung des Hypophysenstiels und es wird kein ADH mehr ausgeschüttet. Da die Niere aber noch funktioniert, kann ADH über ein Nasenspray verabreicht werden und der Patient wieder ganz normalen Harn ausscheiden.
- **Diabetes insipidus renalis**: Es gibt genetische Defekte, bei denen die Rezeptoren für ADH verändert sind. Diese Form der Krankheit kann NICHT mittels ADH-Nasenspray behandelt werden: Es ist bereits genügend ADH vorhanden, es kann aber – aufgrund der fehlerhaften Rezeptoren – nicht wirken.

Bei Verdacht auf Diabetes insipidus sollte man einen Durstversuch durchführen: Der Patient darf keine Flüssigkeit zu sich nehmen, was normalerweise dazu führt, dass die Harnosmolarität beträchtlich ansteigt, da die Niere versucht, möglichst viel Wasser zurückzuholen. Leidet der Patient unter Diabetes insipidus, verändert sich beim Durstversuch die Harnosmolarität nicht. Liegt ein Diabetes insipidus centralis vor, würde die Harnosmolarität oder -konzentration erst nach Gabe eines ADH-Nasensprays stark ansteigen, bei Vorliegen der renalen Form würde sie hingegen weiterhin niedrig bleiben.

> **Merke!**
> Wer hell und viel pinkelt, hat einen niedrigen ADH-Spiegel im Blut!
> Eselsbrücke: ADH = Nonapeptid = neun Details: ADH
> 1. ist ein Nonapeptid aus dem Hypothalamus,
> 2. wird per axonalem Transport in den Hypophysenhinterlappen (Neurohypophyse) transportiert,

3 Niere

3. wird bei steigender Plasmaosmolarität oder fallendem Plasmavolumen per Exozytose ausgeschüttet,
4. hat kein releasing Hormon, bewirkt aber selbst die Ausschüttung von ACTH,
5. bindet an den V_2-Rezeptor der Sammelrohrzellen,
6. aktiviert eine Second messenger-Kaskade,
7. bewirkt den Einbau von Aquaporinen in die luminale Membran der Sammelrohrzellen,
8. führt zur gesteigerten Wasserrückresorption (antidiuretische Wirkung), was einen höherkonzentrierten Harn zur Folge hat (gesteigerte Harnosmolarität) und
9. senkt die Ausscheidung des freien Wassers (die Plasmaosmolarität sinkt).

Merke!

Hypervolämie führt zur Reizung von Vorhofrezeptoren und die Vorhofzellen schütten ANF aus. ANF sorgt für die Verkleinerung des Plasmavolumens durch Steigerung
– der GFR,
– des Harnzeitvolumens und
– der Natriumausscheidung.
Daneben wird noch der Blutdruck durch die Hemmung der Reninausschüttung gesenkt.
– ANF kommt vom Herzen.

3.10.4 Atriopeptin/atrialer natriuretischer Faktor (ANF) – das Hormon, das von Herzen kommt

Wenn das Blutvolumen zu niedrig ist, wird ADH ausgeschüttet. Doch was passiert, wenn das Volumen zu groß ist? Richtig, für diesen Fall haben wir das Atriopeptin: Bei einer vermehrten Volumenbelastung steigt der zentrale Venendruck, der Herzvorhof wird gedehnt und die Herzvorhofzellen sezernieren Atriopeptin. Dieses steigert als Gegenspieler von Aldosteron (s. 3.10.2, S. 50) die glomeruläre Filtrationsrate (GFR) und das Harnzeitvolumen und entlastet so das Herz durch Verkleinerung des Plasmavolumens. Außerdem hemmt es die Reninfreisetzung und damit auch die Aldosteronsekretion. In der Niere steigert es die Natriumausscheidung über eine Hemmung der Natriumrückresorption im Tubulusepithel.

In einer schriftlichen Prüfung wurde sogar schon nach seinem Second messenger gefragt: Es ist cGMP. Dies sei jedoch nur am Rande erwähnt und gehört nicht zum grundlegenden Prüfungswissen. Unbedingt merken solltest du dir jedoch, dass ANF vom Herzen kommt. Das ist ein leichter und sicherer Punkt mehr im Physikum.

3.10.5 Calcitonin und Parathormon

Diese beiden Hormone mit Wirkung an der Niere werden hier nur kurz beschrieben (mehr dazu s. Skript Physiologie 2). Zum Calcitonin solltest du dir merken, dass es ein Peptidhormon aus der Schilddrüse ist, welches die Plasmakonzentration von Calcium über folgende Mechanismen senkt:
– Es hemmt die Osteoklastentätigkeit und führt so zur verminderten Calcium-Freisetzung aus den Knochen.
– Es fördert die Calciumausscheidung in den Nieren und steigert die Phosphatausscheidung.

Das **Parathormon aus der Nebenschilddrüse** ist ein wichtiger Gegenspieler des Calcitonins: Es führt zum Anstieg des Calciumspiegels im Plasma.
– Parathormon bewirkt die rasche Mobilisierung von Calcium aus dem Knochen und führt damit zu dessen Entmineralisierung.
– An der Niere steigert es die Calciumresorption und die Phosphatausscheidung.
– Gleichzeitig stimuliert das Parathormon auch noch die Bildung von Calcitriol in der Niere, was den Calciumspiegel im Blut nochmals erhöht.

3.10.6 Erythropoetin

> **Merke!**
>
> **Parat**-Hormon stellt Calcium **parat**.

Die Nebenschilddrüsen, in denen das Parathormon produziert wird, sind vier etwa linsengroße Strukturen im Bereich hinter der Schilddrüse.
Die ersten Nebenschilddrüsen wurden bei einem Nashorn aus dem Londoner Zoo entdeckt, weil sie bei diesem großen Tier groß genug waren, um sie eindeutig vom umliegenden Fettgewebe zu differenzieren; erst danach hat man sie beim Menschen gefunden. Weil sie so klein sind, wurden sie bei den ersten Schilddrüsenentfernungen versehentlich mitentfernt, was zur Folge hatte, dass die Patienten an einem Hypoparathyreoidismus erkrankten. Sie erlitten dadurch folgende Symptome:
- Hypokalziämie (führte zu einer Tetanie, s. 1.8.3, S. 11) und
- Hyperphosphatämie.

Das Gegenteil tritt ein, wenn man am primären Hyperparathyreoidismus leidet. Das überproduzierte Parathormon führt dabei zu
- Knochensubstanzverlust (durch Osteoklastenaktivität),
- Hypercalciämie und
- Hypophosphatämie.

Eigentlich doch toll, wie einfach das ist, oder? Wenn du dir merkst „Parathormon stellt Calcium PARAT", vergisst du diese beiden Krankheitsbilder bestimmt bis an dein Lebensende nicht mehr.

3.10.6 Erythropoetin

Was der Radprofi sich teuer beim Dopingexperten seiner Wahl erkaufen muss, stellt sich der Normalsterbliche selbst her: Das Epo oder in seiner natürlichen Form das Erythropoetin. Erythropoetin, ein Glykoprotein der Niere, fördert die Bildung und Reifung der Erythrozyten (roten Blutzellen) im Knochenmark. Sollten es die unermüdlichen Sauerstofftransporter nicht schaffen, genügend Sauerstoff zur Niere zu bringen (Hypoxie), bestellt sich die Niere per Erythropoetin-Hormon einfach neue Erythrozyten. 90 % des Erythropoetins werden in der Niere synthetisiert. Kann die Niere dieser Funktion nicht nachkommen – z. B. bei einer Niereninsuffizienz – kommt es zwangsläufig zur Anämie (Blutarmut). **Deshalb ist bei einer Anämie grundsätzlich auch immer an ein Nierenversagen zu denken.**

> **Merke!**
>
> Zum Erythropoetin solltest du dir unbedingt folgendes merken:
> - Erythropoetin ist ein hämatopoetischer Wachstumsfaktor, der die Bildung von Normoblasten im Knochenmark stimuliert. Anders ausgedrückt:
> - Erythropoetin ist ein Glykoprotein der Niere zur Stimulierung der Erythropoese.
> - Der Sekretionsreiz für Erythropoetin ist die Hypoxie.
> - Bei einer Niereninsuffizienz kommt es aufgrund des Fehlens von Erythropoetin zur Anämie.

Warum ist Epo-Doping gefährlich, wenn es doch eigentlich nur Erythrozyten im Knochenmark bestellt? Der Hämatokritwert gibt den Anteil der roten Blutzellen im Blut an und hat einen großen Einfluss auf die Viskosität des Bluts. Steigt nun durch Epo die Anzahl der Erythrozyten, so wird das Blut immer zähflüssiger (visköser) und kann irgendwann nicht mehr richtig durch die Kapillaren fließen, was zur Kreislaufüberlastung führt.

> **Übrigens ...**
> Der Tod vieler Radsportler in jungen Jahren ließ als Ursache das Epo-Doping vermuten. Per Dopingrichtlinie ist ein Hämatokrithöchstwert von 50 % festgesetzt, weil man davon ausgeht, dass dieser Wert ungefährlich und mit normalem Höhentraining noch zu erreichen ist.

3.10.7 Calcitriol (1,25-Dihydroxy-cholecalciferol)

Noch ein Hormon ist auf die Niere angewiesen: Aus Vitamin D_3 wird nämlich erst in der Leber und der Niere durch zwei Hydroxylierungsprozesse (dihydroxy-) das aktive Hormon Calcitriol hergestellt. Es hat seinen Platz im Calcium-/Phosphatkreislauf, wo es die Calcium- und die Phosphataufnahme aus dem Darm über einen ligandenabhängigen Transkriptionsfaktor stimuliert.

Bei einem Calcitriolmangel kommt es aufgrund des verminderten Calciumspiegels zur **Osteoporose**, bei einem erhöhten Calcitriolspiegel zur **Hypercalciämie**.

DAS BRINGT PUNKTE

Mit der folgenden Liste für das Unterthema **„Die Niere als Wirkungs- und Produktionsort von Hormonen"** bist du auf der sicheren Seite und solltest im Examen einige Punkte einheimsen können:
- PARAThormon stellt Calcium PARAT.
- ANF kommt vom Herzen und wird bei Hypervolämie von den Herzvorhofzellen ausgeschüttet.
- Erythropoetin ist ein Glykoprotein der Niere und wird bei Hypoxie sezerniert. Es sorgt für die Bildung von Erythrozyten.
- ADH aus dem Hypothalamus sorgt über V_2-Rezeptoren für den Einbau von Aquaporinen im Sammelrohr und fördert die ACTH-Sekretion. Sekretionsreize für ADH sind steigende Plasmaosmolarität und sinkendes Plasmavolumen.
- Renin wird in der Niere freigesetzt, wenn der arterielle Blutdruck fällt oder die Niere minderdurchblutet ist. Es sorgt für eine Vasokonstriktion.
- Renin-Angiotensin-Kreislauf:
  - Renin spaltet aus Angiotensinogen Angiotensin 1 ab,
  - ACE spaltet Angiotensin 1 in Angiotensin 2,
  - Angiotensin 2 wirkt vasokonstriktorisch, fördert den Durst, erhöht die Aldosteronausschüttung und hemmt die Reninausschüttung.
- Aldosteron aus der Nebennierenrinde sorgt im spätdistalen Tubulus und im Sammelrohr für die Synthese von Natriumkanälen und der Na^+/K^+-ATPase. Das fördert die Resorption von Wasser und Natrium sowie die Sekretion von H^+ und K^+.

Zum Thema **Harnkonzentrierung** werden folgende Fakten immer wieder gerne gefragt:
- Die Niere kann den Harn auf maximal 1300 mosmol/l konzentrieren.
- Die maximale Harnosmolarität kann NICHT über der Osmolarität des Nierenmarks liegen.
- Harnstoff ist harnpflichtig, hat großen Anteil am osmotischen Gradienten und wird im Verlauf des Tubulus NICHT komplett eliminiert.

Aus dem Bereich **„Verschiedene Stoffe und ihr Verhalten in der Niere"** sind folgende Fakten absolut prüfungsrelevant:
- Der Antrieb für eine Rückresorption ist fast immer der Natriumgradient (Ausnahme: der tertiär aktive Dipeptid-Rücktransport mit dem H^+-Gradienten als Antrieb).
- Glucose im Urin ist IMMER pathologisch und gründet sich auf die Überlastung der Glucosecarrier (> 10 mmol/l oder 180 mg/dl).
- Ohne H^+-Ionen kann keine Bicarbonatresorption stattfinden, außerdem ist Bicarbonat dafür auf die Carboanhydrase angewiesen.
- Der Antrieb der parazellulären Calciumresorption ist das lumenpositive Potenzial. Bei Furosemidgabe ist daher die Calciumausscheidung erhöht.
- Magnesium wird zum größten Teil in der Henle-Schleife resorbiert.
- Die fraktionelle Ausscheidung von Kalium kann im Bereich von 1 % (Resorption) bis 200 % (Ausscheidung) liegen. Aldosteron fördert die Kaliumausscheidung und dessen Aufnahme in die Zellen.
- Der Na^+-K^+-$2Cl^-$-Cotransporter ist durch Schleifendiuretika wie Furosemid (Lasix) hemmbar.
- Bis auf Magnesium werden alle Stoffe schon im proximalen Tubulus zum größten Teil resorbiert.

FÜRS MÜNDLICHE

Die Niere ist in der mündlichen Prüfung ein sehr dankbares Thema. Sollte dir eine offene Frage in der Art „Was können Sie mir über die Niere erzählen?" gestellt werden, solltest du erst einmal einen Überblick geben und am besten mit den Funktionen der Niere anfangen.
Und denke immer daran: Wer selbst viel erzählt, kann wenig gefragt werden.

1. Nennen Sie mir bitte die Funktionen der Niere.
2. Bitte erklären Sie, was unter der Autoregulation der Niere zu verstehen ist.
3. Erklären Sie mir bitte, was Inulin mit der GFR-Berechnung zu tun hat.
4. Erläutern Sie bitte, was ein transepitheliales Potenzial ist und wie es entsteht.
5. Erläutern Sie bitte, wie die Clearance definiert ist. Wie hoch ist die Clearance von Inulin, PAH und Glucose?
6. Bitte erklären Sie, wie Diuretika am Beispiel Furosemid wirken.
7. Bitte erläutern Sie, was eine Glucosurie ist und wie sie entsteht.
8. Erläutern Sie bitte, wie die Harnkonzentrierung funktioniert.
9. Welche Laborwerte würden Sie bestimmen, wenn Sie die Niere untersuchen möchten?

1. Nennen Sie mir bitte die Funktionen der Niere.
- Steuerung des Wasser- und Elektrolythaushalts,
- Hormonproduktion,
- Regulation des Säure-/Basenhaushalts,
- Ausscheidung von Giftstoffen und Stoffwechselendprodukten,
- Blutdruckregulation.

2. Bitte erklären Sie was unter der Autoregulation der Niere zu verstehen ist.
Als Autoregulation der Niere bezeichnet man die Tatsache, dass die GFR im Bereich des normalen Blutdrucks (zwischen 80 und 160 mmHg) fast konstant bleibt. Dies geschieht dadurch, dass der Widerstand der vorgeschalteten afferenten Arteriolen automatisch auf den Blutdruck eingestellt wird. Diesen Effekt nennt man Baylisseffekt. Im Nierenmark funktioniert diese Autoregulation nicht ganz perfekt, deshalb kommt es dort bei erhöhten Blutdrücken zur Druckdiurese.

3. Erklären Sie mir bitte, was Inulin mit der GFR-Berechnung zu tun hat.
Die Formel lautet:

$$GFR = \frac{\dot{V}_u \cdot U_{Inulin}}{P_{Inulin}}$$

GFR = Inulinclearance, Herleitung s. 3.4, S. 33
Inulin wird frei filtriert, nicht resorbiert und nicht sezerniert. Deshalb ist die Inulinclearance der perfekte Indikator für die GFR.

4. Erläutern Sie bitte, was ein transepitheliales Potenzial ist und wie es entsteht.
Das transepitheliale Potenzial ist die Potenzialdifferenz über einer Tubulusepithelzelle. Es wird zur Rückresorption gebraucht, besonders von Calcium und Magnesium. Im Tubulusverlauf ist es frühproximal zunächst durch die Natriumresorption lumennegativ und wird dann spätproximal – durch die Entfernung der negativen Chloridionen aus dem Tubuluslumen – lumenpositiv. Dieses lumenpositive Potenzial stößt nun die doppelt po-

FÜRS MÜNDLICHE

sitiv geladenen Ionen Ca^{2+} und Mg^{2+} ab und drängt sie aus dem Tubuluslumen.

5. Erläutern Sie bitte, wie die Clearance definiert ist. Wie hoch ist die Clearance von Inulin, PAH und Glucose?

Die Clearance gibt das Plasmavolumen an, das in einer Minute von einem bestimmten Stoff gereinigt wird. Die Einheit ist ml pro Minute.

- Die Inulinclearance ist gleich der GFR = 120 ml/min. Inulin wird frei filtriert, nicht resorbiert und nicht sezerniert.
- PAH ist ein Maß für den renalen Plasmafluss = 650 ml/min. PAH wird frei filtriert, nicht resorbiert und fast vollständig sezerniert.
- Glucose wird bei normalen Plasmaspiegeln fast vollständig rückresorbiert. Die Clearance ist dann 0 ml/min. Erst wenn die Nierenschwelle von 180 mg/dl überschritten wird, kommt es zur Ausscheidung im Harn.

6. Bitte erklären Sie, wie Diuretika am Beispiel Furosemid wirken.

Die meisten Diuretika wirken auf die Salzresorption, da es ohne Salzresorption auch keine Wasserrückresorption gibt. Furosemid zum Beispiel wirkt hemmend auf den Na^+-K^+-$2Cl^-$-Transporter. Das führt zu einem geringeren transepithelialen Potenzial, einem geringeren osmotischen Gradienten im Nierenmark und einem K^+-Verlust.

7. Bitte erläutern Sie, was eine Glucosurie ist und wie sie entsteht.

Als Glucosurie bezeichnet man den pathologischen Zustand, der vorliegt, wenn Glucose im Urin erscheint. Dies ist vor allem ein Zeichen einer Hyperglykämie. Wird die Nierenschwelle für Glucose überschritten, so sind die Glucosetransporter mit der Rückresorption überlastet und können die filtrierte Glucose nicht mehr komplett rückresorbieren. Der Diabetes mellitus ist häufig mit Hyperglykämien vergesellschaftet und trägt deshalb auch seinen Namen (s. 3.8.4, S. 46).

8. Erläutern Sie bitte, wie die Harnkonzentrierung funktioniert.

Im Nierenmark wird über den Gegenstrommechanismus ein starker osmotischer Gradient aufgebaut. Wenn im Sammelrohr viele Aquaporine eingebaut sind, strömt Wasser entlang des osmotischen Gradienten ins Nierenmark zurück und wird dort über die Vasa recta abtransportiert. Die maximale Harnosmolarität kann also nur so hoch sein wie die Osmolarität im Nierenmark (max. 1300 mosmol/l). Großen Anteil am osmotischen Gradienten hat der Harnstoff und der Schleifentransporter (Na^+-K^+-$2Cl^-$-Transporter). Deshalb ist er auch ein guter Angriffspunkt für das Diuretikum Furosemid.

9. Welche Laborwerte würden Sie bestimmen, wenn Sie die Niere untersuchen möchten?

- Kreatinin, um die glomeruläre Filtrationsrate abschätzen zu können. Genauer, aber mit mehr Aufwand verbunden: die Inulinclearance. Zur Bestimmung des renalen Plasmaflusses: PAH-Clearance
- Harnstoff, um eine Urämie zu diagnostizieren und die Ausscheidungsfunktion zu testen.
- Elektrolyte: Am wichtigsten das Kalium (bei Niereninsuffizienz aufgrund mangelnder Ausscheidung erhöht!), aber auch Natrium, Calcium und Bicarbonat.
- Blutbild, um eine Anämie durch Erythropoetinmangel auszuschließen, diese wäre dann nomochrom, normozytär.
- Blutgasanalyse: Um mit dem pH den Säure/Basenhaushalt einzuschätzen, sowie den Basenexzess zu bestimmen.

FÜRS MÜNDLICHE

- Osmolarität des Blutplasmas, um eine Exsikkose (z. B. bei prärenalem Nierenversagen) oder eine Überwässerung zu diagnostizieren.

- Den Urin kann man natürlich auch noch untersuchen (U-Stix auf Glucose, Urinkultur auf Bakterien und 24h-Sammelurin auf Stoffwechselprodukte). Auch gerne genommen zum Drogenscreening.

Mehr Cartoons unter www.medi-learn.de/cartoons

Pause

Geschafft!
Hier noch ein kleiner Cartoon als Belohnung ...
Jetzt kann gekreuzt werden!

Index

Symbole
[osmol/l] 2

A
Acetazolamid 45
ACTH 53
Albumin 25, 48
Aldosteron 39, 42, 50
Alkalose 12
allgemeine Gaskonstante 6
Amilorid 42
Anämie 55
Angiotensin-Converting-Enzym (= ACE) 50
Antidiurese 23, 49
antidiuretisch 54
Antiport 7, 8
Aquaporine 53, 54
Arteriolen 24
ATP 6, 7
– ATPase 6
– Hydrolyse 6, 7
– Produktion 7
Azidose 10, 12

B
Basalmembran 48
Baylisseffekt 29
Blutdruck 3, 23, 28
Blutplasma 3, 9
Bowman 33, 46
Bowman-Kapsel 24

C
Carboanhydrase 45
Carrier 8, 43
Clearance 28, 29, 30, 31
– Glucose 30
– Inulin 21, 29, 30, 36
– Kreatinin 28, 29, 31, 33, 35, 36, 37, 48
– Paraaminohippursäure (PAH) 30, 31, 33, 34, 37

D
Diabetes insipidus 53
Diabetes mellitus 47
Digitalisglykosid 49
Diurese 23, 47, 49
Diuretika 43
Druck 24
– hydrostatischer 24
– interstitieller 24
– kolloidosmotischer 24
– onkotischer 24
– zentralvenöser 24

E
Elephantiasis 25
Erythrozyt 55
Extrazellulärraum 3

F
Fick-Diffusionsgesetz 4
Filtrationsfraktion 35
Furosemid 41, 43, 49
Furosemidgabe 43

G
Gleichgewichtspotenzial 13
Glomerulum 28
Glucosurie 47
Gradient 3
Gramm 1
– Kilogramm 1
– Milligramm 1
g-Strophantin 7, 17

H
Hämatokrit 35
Hämatokrithöchstwert 56
Hämolyse 10
Harn 23
Henle-Schleife 43
Herzglykosid 30
Herzinsuffizienz 24
Herzrhythmusstörung 10
hydrostatischer Druck 5
Hyperaldosteronismus 10
Hypercalciämie 56
Hyperglykämie 47
Hyperkaliämie 10, 41, 50
Hyperventilation 47

Index

Hyperventilationstetanie 12
Hypoalbuminämie 24
Hypoaldosteronismus 10
Hypokaliämie 10
Hypoparathyreoidismus 55
Hypothalamus 23, 53

I
Indikatorsubstanz 21
Insulin 10, 17
Intrazellulärraum 3, 9
isoton 23, 24

K
Kaliumgleichgewichtspotenzial 15, 17
Kohlendioxid (=CO_2) 44
Konzentrationsgradient 7
– chemischer 8
– elektrischer 8
– elektrochemischer 6, 7, 8
Konzentrierung 2
Körperwasser 21
Kreatinin 31

L
Ladungsverzerrung 4, 17
Liddle-Syndrom 42
Liter 1
– Deziliter 1
– Femtoliter 1
– Mikroliter 1
– Milliliter 1
– Nanoliter 1
– Pikoliter 1
Logarithmus 13

M
Mangelernährung 25
Mineralcorticosteroide 50
Mol 1

N
NBC1 40
NH_3/NH_4^+ 45
Nierenarterienstenose 52
Niereninsuffizienz 10, 23, 55

Nierenmark 37
Nierenschwelle 47

O
Osmorezeptoren 23
osmotisch 2, 3, 48
Osteoporose 56

P
Parathormon 11, 43, 46
Permeabilität 4, 5
Plasma 3
Polydipsie 53
Polyurie 53
Proteinbindung 12

R
Reflexionskoeffizient 6

S
Sammelrohr 42, 50, 53
Sättigungscharakteristik 5
Säure-Basen-Haushalt 28, 43, 45
– Bicarbonatresorption 44, 57
semipermeabel 3
semipermeable Membran 5, 6
solvent drag 40
Spironolacton 50
Stoffmasse 1
Stoffmenge 1
Symport 7, 8

T
temperaturabhängig 5, 7
transepitheliales Potenzial 40, 43, 50
Transport 4, 6, 8
– aktiver 6, 7
– elektrogener 4, 6
– elektroneutraler 4, 8
– passiver 4, 6
Triebkraft 13
– chemische 13
– elektrische 13
Tubulus 7, 8, 35, 39
– distaler 39, 42
– proximaler 39, 42
Tubulussystem 7

U
Urämie 49
Urinzeitvolumen 33

V
Vasokonstriktion 51
Verdünnung 2
Verdünnungsmethode 21

W
Wasserintoxikation 23

Feedback

Deine Meinung ist gefragt!

Es ist erstaunlich, was das menschliche Gehirn an Informationen erfassen kann. SIbest wnen kilene Fleher in eenim Txet entlheatn snid, so knnsat du die eigneltchie lofnrmotian deoncnh vershteen – so wie in dsieem Text heir.

Wir heabn die Srkitpe mecrfhah sehr sogrtfältg güpreft, aber vilcheliet hat auch uesnr Girehn – so wie deenis grdaee – unbeswust Fheler übresehne. Um in der Zuuknft noch bsseer zu wrdeen, bttein wir dich dhear um deine Mtiilhfe.

Sag uns, was dir aufgefallen ist, ob wir Stolpersteine übersehen haben oder ggf. Formulierungen verbessern sollten. Darüber hinaus freuen wir uns natürlich auch über positive Rückmeldungen aus der Leserschaft.

Deine Mithilfe ist für uns sehr wertvoll und wir möchten dein Engagement belohnen: Unter allen Rückmeldungen verlosen wir einmal im Semester Fachbücher im Wert von 250 Euro. Die Gewinner werden auf der Webseite von MEDI-LEARN unter www.medi-learn.de bekannt gegeben.

Schick deine Rückmeldung einfach per E-Mail an support@medi-learn.de oder trag sie im Internet in ein spezielles Formular für Rückmeldungen ein, das du unter der folgenden Adresse findest:

www.medi-learn.de/rueckmeldungen